시진핑 시대, 위기 속 한중관계

이 책은 2017년도 정부(교육부)의 재원으로 한국연구재단의 지원을 받아 수행된 연구입니다. (NRF-2017S1A6A3A02079082)

원광대학교 한중관계 브리핑 11

시진핑 시대, 위기 속 한중관계

원광대학교 한중관계연구원·동북아시아인문사회연구소 엮음

일러두기

- 이 책은 2022년 1월부터 12월까지 인터넷 언론《프레시안》에 연재된 〈원광대 한중관계 브리핑〉 칼럼 중 일부를 수정 및 보완하여 엮은 것이다.
- 《프레시안》에 칼럼이 게재된 날짜는 각 장의 도입부 상단 좌측에 필자의 이름과 함께 표기하였다.

2022년은 '한중 수교 30주년'인 해로 한국과 중국 모두에게 뜻 깊은 해였습니다. 양국이 서로의 마음을 연 이후 30여 년 동안 정치와 경제를 비롯하여 다양한 분야에서 서로의 관계를 증진시켜 왔습니다. 한중관계의 발전을 위해 원광대학교 한중관계연구원도 나름의 역할을 하기 위해 열심히 분투해 왔습니다. 한중관계연구원은 2012년 12월 개원한 이래 국내외 여러 관련 기관이나 학회, 전문가들과 교류하며 한중관계 개선을 위해 노력해 왔습니다.

한중관계연구원은 한국 최고의 한중관계 연구기관으로서 1992년 한중 수교 이후 경제적 협력뿐만 아니라 정치, 법률, 역사, 문화 등 한중관계의 역동적인 변화와 다양한 이슈들을 연구해 왔으며, 국내외 한중관계 관련 연구자 및 실무진들과 이를 공유해 왔습니다. 그와 함께 중국과 세계에 대한 새로운 인식을 도모하고, 그러한 인식을 토대로 세계질서 속에서 미래 지향적인 한국의 역할을 탐색해 왔습니다.

나아가 한중관계에 대한 인식을 사회적으로 공유하기 위해 2013년부터 한중관계연구원 소속 연구자들이 중국의 정치, 경제, 사회, 역사, 문화,

법률 등 다양한 분야에 대한 이슈들을《프레시안》'한중관계브리핑' 칼럼에서 다루어왔습니다. 그리고 그 중 시의적절한 내용들을 모아 『한중관계브리핑』 시리즈를 2014년부터 출간해왔고, 이제 11번째 시리즈를 출간하게 되었습니다.

이번 시리즈는 '시진핑 시대, 위기 속 한중관계'라는 주제로 엮게 되었습니다. 한중관계는 그동안 양과 질 모두에서 비약적인 발전을 했지만, 지금 양국의 관계는 위기에 처해 있습니다. '한중관계브리핑' 필진이 한자리에 모여 논의한 적은 없지만, 약속이나 한 듯 위기에 대한 인식이 칼럼 속에 자연스레 드러났습니다.

위기는 변화의 계기입니다. 위기를 해소하기 위해 변화를 시도해야 하기 때문입니다. '위기 속의 한중관계'도 한국과 중국 양국의 위기를 넘어, 동북아시아의 위기를 넘어, 그리고 글로벌 위기를 넘어 한층 더 성숙한 관계로 나아가기 위해서 소통과 교류의 공감대를 키워나가야 한다고 생각합니다. 한중관계연구원은 앞으로 국내외 관련 기관이나 학회, 전문가들과 함께 시대와 사회, 국가와 세계에 공헌할 수 있는 전문플랫폼으로서 거듭나기 위해 끊임없이 노력할 것입니다.

마지막으로《프레시안》에 고정적으로 칼럼을 연재할 공간을 마련해 주신 박인규 대표님과 매주 빠짐없이 칼럼이 더욱 빛날 수 있도록 도움을 주신 이재호 기자님에게 감사드립니다. 바쁜 가운데도 매주 칼럼을 쓰느라 애쓰신 필자들과 『시진핑 시대, 위기 속 한중관계』 출간을 위해 노력해 준 윤성혜 교수님, 이유정 교수님, 손유나 선생님에게도 감사드립니다. 『시진핑 시대, 위기 속 한중관계』 출간을 함께 준비하며 애써주신 경인출판사 관계자 여러분에게도 감사드립니다. 그리고 경인출판사와 연락을 맡아주신 유지아 교수님, 한담 교수님에게도 고마움을 표하고 싶습니다. 매년 한 권씩 출간되는 한중관계브리핑 시리즈가 한중관계의 변화와 갈등, 위기의 현장을 조망하고 해결을 모색하는데 의미 있는 기여를 할 수 있었으면 하는 소망을 가져 봅니다.

2023년 2월 20일
원광대학교 한중관계연구원장
김정현

차 례

1부   동북아 위기

2부 한중관계 위기

3부　　　　　　　　　　　　　　중국 내 위기 - 경제, 정치

4부 　　　　　　　　　　　　　　　중국 내 위기 – 사회, 문화

1부

동북아 위기

최재덕

2022. 4. 1.

우크라이나 전쟁이 한국 외교에 주는 함의

러시아의 우크라이나 침공은 어떤 이유로도 정당화될 수 없다. 우크라이나는 잿더미로 변했고, 400만 명이 넘는 난민이 발생했으며, 무고한 사람들이 목숨을 잃고 있다.

역사적으로 우크라이나 지역에 세워졌던 키예프 공국이 러시아의 근원이기 때문이든, 냉전 종식 이후 동진하지 않겠다던 나토(NATO·북대서양조약기구)의 동진과 무리하게 나토 가입을 추진한 우크라이나의 무능한 리더십이든, 안보 완충지를 확보할 수밖에 없는 러시아의 선택이든, 우크라이나의 지정학적 리스크에 대한 유럽과 미국의 안일한 대응이든 말이다.

5차 평화협상에서 양국의 이견이 좁혀진 것은 매우 다행스러운 일이다. 그러나 전쟁을 일으킨 침략국이 평화협상 테이블에서 자국의 요구를 대부분 관철시키고 침략 대상국의 역사를 바꾸어놓는 절차를 밟고 있는 것은 분명하다.

전 세계에서 지정학적 리스크가 매우 높은 몇몇 지역이 있다. 대만해협, 남중국해와 동중국해, 호르무즈 해협, 우크라이나, 한반도 등이 이에 속한다. 이 지역은 힘의 균형이 깨지는 순간 화약고로 돌변한다. 러시아의 우크라이나 침공은 지정학적 리스크가 어떻게 전쟁으로 현실화되는지 보여주었다.

러시아의 우크라이나 침공, 다극 체제의 서막을 알리는 총성일까?

러시아의 우크라이나 침공, 다극 체제의 서막을 알리는 총성일까?

섣불리 단언하긴 어렵다. 하지만 존 미어셰이머가 주장한 '공격적 현실주의(Offensive Realism)'가 21세기 국제정치에서 점차 실현되고 있는 것이 매우 우려스럽다.

냉전 종식 이후 국제질서는 미국의 일극 체제, 미국과 중국 중심의 양극 체제를 넘어, 지역 강대국이 다수 존재하는 다극 체제로 이행하는 양상을 보인다. 이러한 상황에서는 국제질서에 혼란이 가중되고 안보에 대한 불확실성이 높아지면서 지정학적 리스크가 높은 지역에의 군사적인 충돌이 일어날 가능성도 커진다.

20세기 말 냉전 종식 이후, 미국이 구축한 국제질서는 잘 기능하는 듯 보였고 전 세계는 세계화의 물결 속에서 유기적으로 글로벌 공급망을 형성하면서 상호 발전을 추구하는 듯했다. 그러나 지난 30년 동안 중국의 부상과 국제기구의 영향력 약화, 에너지 수출국이 된 미국의 평화유지군 역할 축소와 구소련 국가들의 나토 가입, 세계 곳곳에서 벌어지는 내전과 영유권 분쟁으로 안보적 갈등은 증폭되어왔다.

2018년에 시작된 미중 패권 경쟁으로 잠재되어 있던 양국의 갈등이 표출되면서 지정학적 리스크도 표면으로 드러나기 시작했다. 코로나 팬데믹으로 인한 혼란을 수습하고 미중이 전열을 가다듬으려는 시기에 러시아가 우크라이나를 침공하면서 잠재적인 지정학적 위험은 현실이 되었다.

러시아의 우크라이나 침공은 한국에 '지구 반대편에서 일어난 전쟁' 그 이상의 의미를 준다. 이 전쟁이 국제질서와 한국이 속한 동북아 정세에 적지 않은 변화를 추동할 것이기 때문이다.

한국은 우크라이나 전쟁을 통해 무엇을 깨달아야 할 것인가?

첫째, 한국은 미중 패권 경쟁의 틀 안에서 중러 관계에 주목하여 동북아 정세를 파악해야 한다. 지정학적 리스크가 우크라이나에서 촉발됨에 따라 대만해협에서의 미중 간 군사적 충돌의 가능성도 배제할 수 없다.

'하나의 중국'을 핵심 이익으로 간주하는 중국은 무력으로라도 대만과 통일을 달성하려는 야심이 있다. 그러나 세계무역기구(WTO)에 가입한 지 30년이 지난 지금 중국 경제는 상당히 개방적이고 대외의존적이다.

중국은 이번 전쟁을 계기로 러시아와 에너지 협력을 더욱 강화하면서 내수 활성화와 자립형 공급망 형성, 반도체 산업 육성을 통해 외부 환경에 영향을 덜 받는 경제구조로의 변환을 촉진하고, 자원을 무기화하여 독자적인 방어 태세를 갖추는 데 주력할 가능성이 있다.

2021년 중국이 '일대일로'에 이어 '쌍순환 전략'을 국가 전략으로 택한 이유도 여기에 있다. 한국은 발전적 한중관계를 위해 중러 연대 강화와 중국 경제구조의 변화에 민감하게 대응해야 할 것이다.

둘째, 한국은 미중 패권 경쟁으로 동북아 안보의 구조적 제약이 부각되고 전략적 환경이 비우호적일수록 한반도의 화해와 협력을 위해 미국과 중국을 적극적으로 설득하고, 북한을 국제무대로 끌어낼 수 있는 창의적인 대안을 만들어야 한다.

북핵 문제 해결에 영향력이 적은 한국이 가능하겠나? 라고 반문할지 모른다. 그러한 북핵 문제의 당사국인 한국이 소극적인데, 스스로 문제 해결에 나설 강대국은 없다.

북한은 러시아의 우크라이나 침공을 보면서 핵 포기가 불러올 참상에 대해 학습했을 것이다. 우크라이나가 약소국으로 전락한 이유는 1994년 핵을 포기했기 때문이라고 생각할 것이다. 핵 포기와 맞바꾼 미국의 안보 보장 약속은 2014년 러시아의 크림반도 침공에서도, 2022년 우크라이나 본토 침공에서도 지켜지지 않은 셈이기 때문이다.

결국, 북한은 준비며, 군사행동을 과감하게 성공시킬 수 있다는 믿음으로 제한적인 미국의 영향력과 직접적인 군사 개입을 망설이는 서방을 보며, 경제제재도 인내하면 된다는 결론에 도달할 가능성이 있다.

북한은 2022년 들어서만 열한 번째 미사일 도발을 감행하며, ICBM(대륙간 탄도 미사일)의 성능을 고도화하는 데 집중하고 있다. 그러나 미국은 중국과 러시아가 포함된 UN 안보리 상임이사국의 동의를 얻어 대북 제재를 강화하기도 어렵고, 북한을 협상테이블로 끌어낼 만한 카드도 준비되어 있지 않다.

조 바이든 미국 대통령은 후보 시절 〈더 나은 미래를 위한 희망〉이라는 기고문에서 "미국은 동맹을 강화하고 한국과 함께 설 것이며, 북한 비핵화와 한반도 통일을 향해 계속 나아갈 것"이라면서 "같이 갑시다"라는 한미동맹의 구호를 외쳤었다.

그러나 바이든 대통령이 취임 후 1년간 한반도 문제를 밀어 둔 사이 북한은 모라토리엄(핵실험과 ICBM 시험 발사 유예)을 파기했고, ICBM 시험 발사와 제재를 주고받으며 북미 관계는 다시 악화일로에 있다.

"북한과 마주 앉지 않는다면 긴장이 더 고조될 것"이고, "지금은 인내할 때가 아니라 북한과의 협상으로 돌아가야 할 때이며, 미국은 북한이 협상에 복귀하게 만들 로드맵을 제시해야 한다"라는 조셉 디트라니 전 미국무부 대북 담당 특사의 발언에 백번 동감하는 바이다.

따라서 한반도의 안보적 긴장을 낮추기 위한 노력을 당장 시작해야 한다. 점점 부풀어 오르는 풍선은 언젠가 터진다. 그 사실을 알면서도 방관하면 누가 가장 큰 피해를 보겠는가?

셋째, 한국은 국익 중심의 실용외교를 추구하여 지정학적 리스크에 대한 압력을 분산해야 한다. 러시아의 우크라이나 침공에 대한 미국과 서방의 대응, 다양한 셈법으로 국익을 내세워 대러 제재에 동참하지 않는 국가들, 미국이 물러난 중동과 아프리카에서 영향력을 확대해 온 중국과 러시아, 반미 성향의 중남미 국가 베네수엘라와 니카라과의 푸틴 지지 표명 등을 미루어보아 미국의 영향력은 과거에 비해 약해졌다.

반면에 중러를 중심으로 한 반미 연대는 더 강화될 가능성이 있다. 두 진영이 대립했던 냉전 시기에는 어느 한편에 편승하여 안보를 추구할 수 있었지만, 앞으로 도래할 다극 체제에는 어느 하나의 강대국에 의존한 안보는 매우 취약하다.

우리나라는 지정학적 리스트가 매우 높은 지역이다. 한반도는 미국과 중국의 대리전이 지상에서 현실화될 수 있는 곳으로 거론되기도 한다. 이번 우크라이나 침공을 통해서 우리는 지정학적 리스크에 대한 압력이 높아지면 반드시 폭발한다는 사실을 꼭 깨달아야 한다.

이러한 지역에서 전쟁이 발발하면 그 지역은 순식간에 잿더미로 변하고 엄청난 인명피해가 발생하지만, 주변국들은 직접 희생하는 대신 침략국에 대한 제재를 논의한다. 한반도가 강대국들의 이해관계에 따라 남북으로 분할되면서 남북분단이 고착화된 우리의 현실을 잊지 말아야 한다.

따라서 한국은 지나치게 한편으로 기울어 반대편의 압력이 높아지도록 해선 안 된다. 국익 우선의 실용선진외교로 여러 강대국과 협력함으로써 지정학적 리스크에 대한 압력을 분산시키려는 노력을 기울여야 한다. 한국은 민주주의와 인권을 수호하고 국제법을 존중하는 국가로서 대러 제재에 동참했다. 그러나 큰 틀에서 국익 중심의 실용외교 노선을 분명하게 취해야 한다.

러시아의 우크라이나 침공은 강대국 국제정치의 현실을 여실히 반영하고 있다. 과거 냉전 시기와 달리 신냉전은 공산주의와 민주주의라는 양 진영으로 명확하게 나눌 수 없으며, 자국의 이익만 내세우는 강한 국가들이 출현함으로써 다극 체제와 혼재된 성격을 띨 가능성이 있다. 따라서 세계 질서에 안보 불안이 더 가중될 것이다.

한국은 이러한 국제정치 환경의 변화를 넓은 스펙트럼과 긴 시계열 내에서 파악하고 한국 외교의 방향을 설정해야 한다. 한반도 평화와 통일이라는 본질과 방향성을 명확히 하고, 첨단기술 강국, 외교선진 강국, 문화 강국을 지향하면서 4차 산업혁명을 선도하고 미래 산업을 함께할 매력적인 국가로 성장해야 한다. 한국은 불확실성이 커지는 국제 사회에서 '스스로 강해지기'로 결단해야 할 것이다.

중국과 미국의 공급망 2라운드 경쟁, 한가운데에 있는 한국

바이든 방한, 한국의 대응 전략은

2022년 5월 10일 윤석열 정부가 출범했다. 새로운 대통령의 취임식은 국가 간의 외교관계를 보여주는 지표라 할 수 있다. 중국과 미국 간 새로운 패권 경쟁이 시작되는 시점에서 한국의 대통령 취임식에 파견된 양국의 외교사절단이 대비된다.

중국은 국가 부주석 왕치산(王岐山), 미국은 부통령 남편인 더글러스 크레이그 엠호프(Douglas Craig Emhoff)를 각각 파견했다. 홍콩 언론에서 언급한 바와 같이 왕치산 부주석이 타 국가 대통령 취임식에 참석한 것은 매우 이례적이다.

한중 수교 30주년을 맞아 한중관계의 중요성에 더욱 무게를 둔 것이 확실히 보인다. 반면, 미국은 곧 바이든 대통령의 방한이 연이어 계획되어 있다는 점을 참작하더라도 고개가 갸우뚱해지는 파견이다. 더욱이 중국과의 2라운드 패권 경쟁을 앞두고 한국의 도움이 그 어느 때보다 필요한 시점에서 과연 적절한 조치였는지 의문이다.

끝이 보이는 중미 관세전쟁

2018년 중국과 미국 간 관세전쟁이 본격화된 이래로 5년 가까이 지났다. 그동안 미국은 대통령이 바뀌었고, 코로나19로 양국 간 전쟁은 잠시 소강상태를 유지하는 듯 보였다. 바이든 정부의 시작으로 새로운 대중국 압박 정책이 시작될 것으로 예상했지만, 미국의 특별한 조치는 없었다. 중국과 본격적 경쟁에 돌입하기에 미국 국내외의 상황이 여의찮았기 때문이다.

예상치 못한 러시아의 우크라이나 침공 여파로 미국의 경제 상황은 바닥이 어디인지 모를 정도로 곤두박질치고 있다. 이에 더해 고공행진 중인 인플레이션이 40년 만에 최고치를 경신하면서 바이든 정부대 국내 최대 위기에 직면해 있다.

결국 이를 해결하기 위해서 트럼프 행정부 시절 중국과의 관세전쟁으로 부과된 대중국 관세를 인하해야 한다는 목소리가 미국 내에서 커지고 있다. 미국은 이미 2022년 3월 중국으로부터 수입되는 TV 부품, 해산물, 화학제품 등 352개 품목에 대해서 관세 예외를 연말까지 한시적으로 허용했다.

무역대표부(USTR) 발표에 따르면, 트럼프 정부가 2018년부터 2019년 9월까지 4차례에 걸쳐 부과한 대중국 관세는 2022년 7월부터 차례로 만료를 앞두고 있어, 이를 연장할지를 결정하기 위한 검토 절차를 개시했다고 밝힌 바 있다.

물론 대중국 관세부과 조치를 푼다고 해서, 이 조치가 미국의 국내 상황을 변화시키는 근본적 해결 방안이 될 수는 없을 것이다. 그런데, 피터

슨국제경제연구소에 따르면, 대중국 고율 관세부과만 없애도 소비자물가 지수 상승률이 1.3% 내릴 것으로 전망하고 있어, 당장 발등에 떨어진 불은 끌 수 있을 것으로 기대된다.

더욱이 트럼프 정부의 고율 관세 정책은 결과적으로 미국이 기대하는 정도의 효과를 발휘하지도 못했다. 이에 따라 만료를 앞둔 고율 관세부과 기간을 다시 연장할 만한 이렇다 할 명분은 없어 보인다. 특히나 바이든 정부의 대중국 압박 정책은 관세 폭탄이 핵심이 아닌 만큼, 관세를 매개로 한 양국 간의 전쟁 가능성은 그리 커 보이지 않는다.

중미 전쟁 2라운드의 서막, '인도-태평양 경제 프레임워크(IPEF)'

그렇다면 그다음 미국의 전략은 무엇일까? 기대했던 것만은 획기적이진 않지만, 성공 확률이 높은 전통적 '동맹 강화'를 통해 공동으로 중국을 압박하는 방법을 택한 것으로 보인다.

미국이 패권의 지위에 오른 후, 이를 둘러싼 소위 방어전에서 계속 승리할 수 있었던 이유를 찾아보자면 바로 동맹을 통한 '공동 방어'였다. 2012년 즈음하여 미국은 중국을 새로운 패권 도전국으로 인식하기 시작했다. 미국에게 '아시아 회귀(pivot to Asia)' 정책 이후 꺼낸 '환태평양경제동반자협정(TPP)'은 중국을 압박할 핵심 카드였을 것이다. 하지만 이는 트럼프 정부로 무산되었다.

2022년 5월 20일 바이든 대통령의 아시아 순방을 앞두고 백악관을 비롯하여 미국의 주요 기관에서는 인도·태평양 지역의 전략적 중요성을 계속 강조하고 있다. 이와 더불어 국내외 언론매체에서는 '인도-태평양 경제프레임워크(Indo-Pacific Economic Framework)'가 중요 키워드로 떠오르고 있다. 지금은 미국이 빠지고 명칭도 바뀌었지만, 애초에 미국이 설계했던 '포괄적·점진적 환태평양경제동반자협정(CPTPP)'과 무엇이 다른가 하겠지만, 미국이 있고 없고에서 이미 차이가 크게 벌어진다.

또한 눈에 띄는 가장 큰 차이는 국가 간 경제협력의 형태이다. 지금까지는 WTO를 중심으로 국가 간 경제협력의 핵심이 관세 및 비관세 장벽을 없애고 무역자유화를 실현하는 데 있었다. 하지만 IPEF는 무역자유화 대신 '공급망 협력'에 초점이 맞춰져 있다. 이에 따라 IPEF 협정 국가들은 서로 는 강력하고 안전한 공급망을 누리게 될 것이다.

반면, 그렇지 못한 비협정 국가에 대해서는 공급망 고립을 통해 경제적으로 압박을 가하는 효과를 창출할 것으로 예상된다. 물론 공급망에 배제되는 국가는 중국이 거의 확실하다. 이와 더불어 높은 수준의 노동과 환경 기준이 적용된 무역의 발전을 위한 협력, 디지털 경제와 국제 데이터의 유통 관리 협력 등에 관한 내용도 포함하고 있다.

다음으로 IPEF에 '인도'라는 국가 명칭이 포함된 것도 눈여겨볼 필요가 있다. TPP나 CPTPP가 태평양에 중점을 두었다면, IPEF는 좀 더 아시아로 치중된 모습이다. 그 범위가 태평양에서 인도양까지 확대된 것이다. 미국의 대중국 압박의 관점에서 보면 이는 중국의 '일대일로(一帶一路)' 즉, 인도, 스리랑카를 거쳐 아프리카, 유럽으로 향하는 해양실크로드(一路)를 견제하기 위함으로 보인다.

결국 미국은 '인도'를 중국의 공급망 차단을 위한 지지선으로 보고 있다. 결국 미국은 IPEF를 통해 중국을 고립시킬 공급망 동맹을 만들어 세계

유일 패권국의 지위를 유지하겠다는 전략이다.

IPEF 공급망의 핵심은 한국 반도체

IPEF를 통한 미국의 연합작전이 과연 과거의 미국에게 승리를 안겨준 것과 같은 결과를 가져올지는 두고 볼 일이다. 하지만 확실한 것은 그 공급망 구축의 핵심은 미국의 경제적 번영을 계속 유지하기 위해 그리고 중국이 미국을 앞지르기 위해 필요한 반도체 공급망 구축에 있다. 이는 이번 바이든 대통령의 방한에서도 노골적으로 드러났다.

한국의 윤석열 정부가 출범하자마자 미국의 대통령이 먼저 방한한 것도 처음이었지만, 일본보다 한국을 우선 방문하는 것에 이목이 쏠렸다. 이에 더해 한국에 와서 반도체 공장을 둘러보겠다고 한 바이든의 결정이 관건이었다.

자고로 외교의 묘미는 밀고 당김에 있는데, 이러한 미국의 행보는 너무 직진이다. 현재 미국이 얼마나 다급한 상태인지 알 수 있다. 그도 그럴 것이 한국의 반도체 최대 수출국이 중국이기 때문이다.

한국에서 중국으로 들어가는 반도체의 수급이 막힐 경우, 중국이 현재 진행하고 있는 4차는산업의 기반인 디지털 경제로의 전환에도 차질이 생길 것은 자명해 보인다. 따라서 미국은 중국과의 방어전에서 승리하기 위해서 반드시 한국의 반도체를 확보해야 한다.

미국과 중국의 패권 경쟁 2라운드의 포문을 여는 한국은 어떤 선택을 할까? 당장 5월 20일에 바이든 대통령이 방한했을 때, 어떤 전략으로 미국에 어떤 요구를 할 것인지에 대한 전략이 한국에게는 있어야 할 것이다.

물론 미국의 요구를 일방적으로 들어주지는 않을 것이다. 하지만 반도체를 협상의 레버리지로 활용하여 한반도의 평화와 안전, 그리고 중국과의 관계에서 갈등을회피할 수 있는 카드를 미국으로부터 얻어내야 할 것이다.

또한 그것이 무엇었든 우리의 선택으로 발생하게 되는 중국과의 외교적 갈등, 경제적 보복 조치에 대해서도 적절한 대응 전략을 마련해야 할 것이다.

권의석
2022. 5. 20.

중국에 대한 의존도를 줄이려는 영국

3연임 앞두고 있는 시진핑,
서방과 계속 대립각 세우나

영국과 중국의 관계를 생각하면 흔히 아편전쟁, 영국령 홍콩 등 역사적 갈등을 주로 떠올리게 되지만, 1997년 홍콩의 중국 반환, 90년대 이후 중국의 개혁개방 이후 양국은 정치·경제적으로 긴밀한 관계를 이어왔다.

특히 중국이 2000년대 고속 성장을 기록하고 2007년의 세계 경제 위기도 극복하여 세계적인 경제 대국으로 자리 잡게 되자, 보수당이 집권한 영국 정부는 다른 어느 서방 국가보다 적극적으로 중국과의 관계를 확대하며 중국의 영국 투자를 유도하고자 하였다.

실제 중국은 2015년 시진핑 주석의 영국 방문 당시 고속철도 및 원전 건설 투자를 약속하였고, 영국 역시 중국이 주도하는 아시아 인프라 투자 은행과 일대일로 개발 계획에 참여하며 이에 호응하기도 하였다.

그러나 영국과 중국과의 관계는 2019년 이후 달라졌다. 홍콩의 민주화 요구 시위, 신장자치구에서 강제로 자행된 위구르족 "재교육" 정책으로 인해 중국에 대한 여론이 급격히 악화됐다.

이에 영국은 중국이 인도-태평양 지역을 위협할 가능성에 대응하기 위이 미국·호주와 함께하는 소위 오커스(AUKUS) 동맹에 참여하면서의 중

국에 대한 견제를 인권 차원의 문제에서 더 나아가 안보 분야로까지 확대
했다. 이번에 영국 정부가 발표한 새로운 국제 원조 전략은 영국의 대중국
견제가 여기에서 한 단계 더 강화되었음을 보여준다.

중국에 대한 해외개발원조를 중단하는 영국

2022년 5월 17일 영국 정부는 성명서를 내며 새로운 국제 개발 전략
을 발표했다. 새로운 전략에 따르면, 영국은 기존의 국제기구를 통해 개발
원조를 제공하던 기존 방식에서 탈피하여 2025년까지 해외 원조 자금의
4분의 3을 해당국에 직접 제공하는 방식으로 전환하기로 했다.

또 각지 외교관에게 더 많은 권한을 부여하여 원조 자금과 지원 프로
그램이 행정적인 절차 때문에 지연되는 상황을 방지하고 수혜국에 빠르
게 제공되도록 하겠다고 밝혔다.

하지만 이보다 더 시선을 끈 것은, 중국에 대한 영국의 공적개발원조
(ODA)를 중단하겠다는 내용이었다. 콰시 콰텡 영국 산업에너지부 장관은
2021년 영국의 공적 개발 원조 전체 예산인 110억 5,000만 파운드 (한화 약
18조 1,550억 원) 가운데 중국에 약 1,300만 파운드(한화 약 205억 원)를 제공했
다. 아시아-태평양 지역에 제공되는 공적 원조 자금은 1억 70만 파운드(한
화 약 1조 7,000억 원)다.

중국에 제공되던 영국의 공적개발원조는 주로 기후 위기나 항생제 내
성 예방에 관한 공동 연구에 쓰이고 있었는데, 영국 정부는 이번 개발 전
략 변화로 인해 이와 같은 연구를 중국 측과 함께 계속 진행하더라도 더

이상 영국 측의 원조 자금이 투입되지는 않을 것이라고 밝혔다.

콰텡 장관은 "지구적인 문제를 해결하기 위해 중국과의 협조는 계속하겠지만, 영국의 원조 자금이 이를 더 필요로 하는 곳에 쓰이면 더 큰 변화를 만들 수 있을 것이다"라며 영국의 입장을 확인했다.

중국의 해외 개발을 직접적으로 견제하는 영국

기존에 영국이 중국에 제공하던 공적개발원조의 규모가 다른 국가를 대상으로 한 원조에 비해 상대적으로 작다는 점, 그리고 중국이 이미 경제 대국으로 성장하여 해외 원조에 더 이상 일방적으로 의존하지 않아도 된다는 점을 생각하면 이번 조치는 영국 정부의 단순한 정책 변화라고 볼 수도 있다. 하지만 중요한 것은 이번 조치가 발표된 시점이다.

지난 5월 16일, 리즈 트러스 영국 외무장관은 새로운 국제 개발 전략을 수립해야 한다고 연설하였는데, 여기에서 트러스 장관은 개발도상국이 "악성 국가(malign actor)에 대한 의존을 줄일" 수 있도록 영국이 원조와 투자 지원을 통해 대안을 제시해야 한다고 주장했다.

이 연설문에서, 트러스 장관은 "악성 국가는 경제학과 개발 문제를 통제의 수단으로 다루며, 후원·투자와 대출을 경제적 위협과 정치적 권력으로 이용한다"라며 "악성 국가"들에 대해 맹비난했고, 영국은 이 같은 악성 전략을 따라하는 대신 개발도상국을 위한 대안을 제공하여 이들에 맞서겠다고 공표했다.

트러스 장관은 이 "악성 국가"의 "해로운 전술"이 무엇인지에 대해 정확히 언급하지는 않았지만, 많은 이들이 중국의 일대일로 계획일 것으로 짐작했다. 실제로 며칠 후 발표된 국제 개발 전략에서 중국에 대한 공적개발원조가 중단되면서, 트러스 장관이 언급한 "악성 국가"가 중국임을 사실상 확인시켜 줬다.

"규칙에 기반한 질서"를 강조하는 영국

트러스 영국 외무장관이 중국에 대해 날 선 태도를 보인 것은 처음이 아니다. 지난 4월, 트러스 장관은 지난 2월 러시아의 우크라이나 침공 이후 중국이 러시아를 향해 보인 온건적이고 모호한 태도를 규탄하면서, 중국이 러시아를 대상으로 한 국제 제재와 같은 "규칙에 따르지 않으면 대가를 치르게 될 것"이라며 공개적으로 중국을 비난했다.

당시 연설에서 트러스 장관은 영국을 포함한 G7 국가가 "러시아가 국제 규칙을 어겼을 때 어떤 선택을 할 수 있는지", "단기간의 경제적 이익보다 안보와 주권 존중을 우선으로 할 준비가 되어있는지"를 확실히 보여주었다고 강조했고, 대러시아 제재를 주도하는 G7이 중국에도 중요한 무역 상대국이자 세계 경제의 절반을 차지하고 있음을 상기시켰다.

또한 "중국의 성장이 불가피한 것도 아니며, 규칙에 따르지 않으면 중국도 더 이상 성장할 수 없을 것"이라고 경고했다.

영국뿐만 아니라 유럽연합 역시 중국을 향한 칼날을 세우고 있다. 유럽연합은 러시아의 우크라이나 침공 당시 중국이 보여준 모호한 태도와 미국, 호주, 뉴질랜드의 오랜 우방국이었던 솔로몬 제도와 비밀리에 안보 동맹을 맺으려 했다는 사실 때문에 중국이 "다자간의 규칙을 기반으로 한 질서를 위협하고 있다"라며 인도-태평양 지역의 질서 유지에 더욱 적극적으로 나서겠다는 입장을 표명했다.

2000년대 후반 아시아 내에서 미국의 영향력이 중동 분쟁과 경제 위기로 인해 감소하던 상황을 이용하여, 중국은 "전랑"이라 불리는 호전적인 외교정책을 꾸준히 추진하였다. 이를 통해 남중국해 일대에 군사력을 성공적으로 전개하는 한편, 일대일로 개발을 통해 아시아 및 아프리카 각국 내 영향력을 강화했다.

하지만 이와 같은 적대적인 확장 정책은 중국이 역내 국가뿐만 아니라 영국 등 서방 국가와의 안보 대립까지 감당해야 하는 상황에 이르게 만들었다. 시진핑 중국 주석의 3연임을 앞두고 외교적 성과를 강조해야 하는 시점인 만큼, 서방과의 외교적인 대립에 중국이 어떤 태도를 보일지 귀추가 주목된다.

윤성혜

2022. 7. 22.

중국 감싸는 WTO, 분쟁해결 시스템 바꾸려는 미국, 우리 대응은 어떻게?

일본 후쿠시마 수산물, 미국 세탁기 분쟁 등 WTO 통해 국익 확보한 한국

미국은 2022년 5월 인도태평양경제프레임워크(IPEF)를 출범시키고, 이어 7월 WTO 상소기구의 정상화 추진을 밝히면서 미국 중심의 국제 통상질서 재편을 본격화하고 있다. 이에 국제통상 분야에서 미국과 경쟁 구도에 있는 중국은 새로운 시련을 맞이하고 있는 형세다.

트럼프 행정부에서 관세 폭탄이라는 수단을 이용해 중국과의 갈등을 구체적으로 가시화했다면, 바이든 행정부의 접근은 확실히 그때와는 차이가 난다. 동맹국을 순방하며 이전 정부 때 흩어졌던 동맹국의 힘을 하나로 모으는 행위 자체로 관세 폭탄보다 더 강한 위협을 중국에 가하는 것이다. 미국의 공격이 시작되었으니, 과연 중국이 어떤 형태로 이를 방어하면서 역공할지 귀추가 주목된다.

더욱이 통상이 국가 경제의 근간인 한국에게 중국과 미국의 힘겨루기는 언제나 반갑지는 않지만 반드시 대응해야 하는 숙명이다. 글로벌 및 개별 국가의 국내 경제가 좋지 않은 상황에서 앞으로 국제 통상질서가 두 나라에 의해 어떻게 재편될지 예측하고 대응을 준비하는 것이 중요하다.

WTO 변화에 앞장서는 미국

2차 세계대전 이후 국제 통상질서의 중심축이었던 세계무역기구 (WTO)는 핵심 기능들(협상 및 규범 제정, 이행 및 모니터링, 분쟁 해결)이 마비되면서 그 운명이 오리무중이었다. 하지만 코로나19로 인해 개최되지 못했던 각료회의가 지난 6월 5년 만에 개최되면서 WTO의 향방이 다시 조명되고 있다.

특히 관심이 집중되었던 것은 지난 트럼프 행정부 때 마비된 WTO 분쟁해결기구가 부활할 수 있는지였다. 이번 각료회의에서 미국을 비롯한 각 회원 통상 각료들은 2024년까지 WTO 분쟁 해결 시스템이 제대로 작동할 수 있도록 노력하자는 데 합의했다.

하지만 WTO 분쟁해결기구가 이전처럼 작동할지는 의문이다. 우선, 분쟁 해결 시스템 정상화에 대한 합의 내용이 "모든 회원이 접근할 수 있는 완벽하고, 완전하게 작동하는 분쟁 해결 시스템"이라는 것이 정확히 어떤 것인지 명확하지 않다.

한 가지 확실한 것은 미국의 구상이 현재 WTO 분쟁 해결 시스템을 단순히 이전과 같은 상태로 돌려놓는 것은 아니라는 것이다.

2022년 1월 WTO 중재인단은 미국과 중국 사이에서 10년간 진행간 태양광 패널 사안에 대해 중국의 손을 들어 준 바 있다. 이처럼 가뜩이나 미국은 WTO 분쟁 해결 시스템이 더 이상 미국 편에 서지 않는 것에 불만을 품고 있는데, 이를 이전과 같은 상태로 돌려놓기는 만무하다.

이러한 문제 때문에 분쟁 해결 시스템 정상화 이야기가 나왔을 때, 다른 회원들의 상소위원 인선 요구를 미국이 반대한 것이다. 대신 2년이라는 시간 동안 어느 정도의 다른 형태 또는 다른 성질의 기구로 재탄생될 가능성이 높다.

WTO 분쟁 해결 시스템,
법적구속력 잃고 중재기구로 전락할 가능성

분쟁 해결 시스템이 어떻게 재편될지는 얼마 전 캐서린 타이(Katherine Chi Tai) 미국 무역대표부(USTR) 대표가 한 발언에서 힌트를 얻을 수 있다. 타이 대표는 '아시아 소사이어티(Asia Society)' 행사에서 WTO 분쟁 해결 시스템이 "값비싼 소송 수단"이 되고 있다고 비판했다.

이 발언은 본연의 목적이 변질된 WTO 분쟁 해결 시스템을 표현한 것이다. 따라서 이를 정상화한다는 것은 그 태초의 목적으로 돌아가 그에 맞는 역할을 수행하도록 한다는 의미를 담고 있다고 볼 수 있다.

본래 분쟁 해결 기연의 목적은 통상분쟁 당사국 간의 분쟁을 해결하는 것인데, 이를 위해서 WTO가 제소국과 피소국 간 협의를 제안하여 일정 기간 내 분쟁을 해결하는 것이다. 협의를 통해서 분쟁이 해결되지 않는 경우에는 일종의 국가 간 소송이라 볼 수 있는 패널 설치(1심)가 진행되고, 패널 판정에 이의가 있는 경우 상소(2심) 절차를 진행하게 된다.

분쟁 해결 시스템이 가동된 이래 상소 절차를 활용하는 비율은 계속 증가하여, 1996년부터 2020년까지 총 306건 중 203건이 상소 절차를 진행했다. 일단 사안이 분쟁 해결 시스템에 회부되면 협의보다는 소송으로 발전된다고 해도 과언이 아니다.

이런 상황에서 미국의 WTO 분쟁 해결 시스템 개혁에 대한 구상은 총 3단계의 분쟁 해결 절차 중 첫 번째 단계에 방점을 둘 가능성이 높다. 이는 최근 통상는분쟁에서 패소 판결을 받는 미국에게 '판결'에 대한 부담을 어느 정도 덜어주는 효과를 줄 수 있다. 이와 동시에 미국에 의해 마비된 시스템을 다시 회복한다는 명분을 내세울 수도 있기 때문이다.

이렇게 되면 WTO 분쟁 해결 시스템은 판정에 대한 법적 구속력을 갖지 못하기 때문에 '중재절차'와 큰 차이가 없어지게 된다. 명분상 분쟁 해결 시스템의 정상화이지, 지금까지의 구속력 있는 분쟁 해결 기구로서의 역할은 기대하기 힘들게 된다는 뜻이다.

사실상 WTO상 무력화가 장기간 계속될 가능성이 농후한 가운데, 미국은 통상을 국가안보와 연결하여 중국 그리고 중국의 특정 기업에 대한 공격을 파죽지세로 이어가고 있다. 지금까지 WTO 체제에서 안보를 위시한 무역 및 투자 제한 조치는 논의의 대상이 되지 않았다. 결국 안보 문제를 앞세워 자국의 통상 이익을 확보하기 위해 국내 법률을 통해 통상분쟁 상대국을 제재하겠다는 생각이다.

분쟁 해결 시스템이 정상적으로 작동할 때도 미국이 자의적으로 국내 법률을 활용하여 무역 상대국을 제재하는 행위는 계속 문제시되었다. 이제는 이의를 제기할 수단마저 무력화되고, 더욱이 예외 조항을 활용하고 있으니 앞으로는 더 높은 강도로 이를 적극 활용하려 할 것이다.

Post-WTO 대응을 위한 국내 법률 정비 필요

우리나라는 일본과의 후쿠시마 수산물 분쟁, 미국과의 세탁기 분쟁 등 WTO 분쟁 해결 시스템을 적극적으로 활용하여 통상 선진국과 통상분쟁에서 국익을 확보해 왔다. 이에 WTO 분쟁 해결 시스템의 중재기구화, 회원들 간의 자의적 국내법률 적용을 통한 통상 제재 등에 적극적으로 대응할 방안을 서둘러 마련할 필요가 있다.

우선은 EU, 중국 등이 포함된 '다자 임시 상소중재합(WTO multi-pary interim appeal arrangement)'에 동참하여 통상분쟁 해결 시스템의 공백 상태에 대한 대비가 필요하다.

다지임시상소중재합의는 상소기구 기능이 중단되는 동안 임시로 이를 대체하는 절차이며, 결과 이행에 대한 법적 구속력은 가지지 못한다. EU는 이러한 흠결을 메우기 위해 중재판정에 근거하여 보복 조치를 취할 수 있는 국내법을 제정하기도 했다.

임시적이긴 하지만 그 공백 상황이 얼마나 오래갈지 모르기 때문에 현재의 시스템이 최대한 효과를 발휘할 수 있도록 대안을 마련하는 것이 중요하다.

이와 더불어 미국, 중국과 같이 통상 제재를 안보 예외로 하는 때를 대비해 이와 관련된 국내 법률을 재정비할 필요가 있다. 중국과 미국이 안보와 연결하는 통상 분야는 디지털 기술과 자산에 밀접한 관련이 있다. 따라서 산업기술 보호, 대외무역, 외국인 투자 관련된 법제를 검토하고 디지털 경제, 기술과 관련된 부분의 내용을 개선해야 한다.

마지막으로 아직 가시화되고 있지 않지만, 디지털 통상 분야의 분쟁에 더 적극적으로 대비할 필요가 있다. 국내 관련 법률 및 법규를 현대화하는 것은 물론, 양자 및 다자간 디지털 통상 협정의 다양한 시나리오와 모델을 구상하여 우리의 이익을 극대화할 수 있는 방안을 지속적으로 마련해야 할 것이다.

대만에서의 충돌, 막을 방법 없나

대만해협 위기의 연원은 국공내전

미국 해군의 핵 추진 항공모함이 대만 동쪽 해역에서 전투태세 유지 훈련을 시작하자, 인민해방군도 대만 주변에서 실전 연습을 진행하면서 대만해협의 위기가 고조되고 있다.

이전에도 대만해협에는 몇 차례 위기가 있었다. 인민해방군의 일방적인 무력시위로 일단락되는 경우도 있었고, 양안(중국과 대만) 군대의 직접적인 충돌도 없지 않았다. 지금까지 반복되어 온, 앞으로도 계속될 대만해협 위기의 근원은 양안의 분열에 있다.

제2차 세계대전의 종식은 중국에게 장기간에 걸친 대일항전의 승리를 의미했다. 대일전쟁의 승리에 환호할 틈도 없이 내전이 이어졌다. 정권을 지키려는 국민정부, 정권을 탈취하려는 공산당의 싸움은 공산당의 승리로 귀결되었다.

1949년 10월 중화인민공화국 건국, 같은 해 12월 중화민국 정부의 대만 파천으로 대만해협을 사이에 두고 2개의 중국이 대립하게 되었다.

1950년 3~4월 서창(西昌)전투에서의 패배, 5월 해남도(海南島)와 주산군도 (舟山群島)에서도 철군하면서 중화민국의 영토는 대만 본도와 팽호(澎湖), 금문(金門), 마조(馬祖), 대진도(大陳島)에 국한되었다.

군사적 실리(失利)로 절체절명의 위기에 처한 대만을 구한 것은 한국 전쟁이었다. 한국전쟁이 종식되자 인민해방군은 그 중심을 한반도에서 대만 방면으로 이동했다.

제1차 대만해협 위기

1953년 말, 모택동(毛澤東)은 대만 문제 해결을 위해 과감한 시도를 지 시했다. 이에 인민해방군은 계획 중에 있던 금문에 대한 대대적 공격을 포 기하고, 대신 중화민국이 장악하고 있는 연해 지역 도서에서 중소규모의 전투를 벌여 미국이 어디까지 개입하는지 시험해보고자 했다.

1955년 1월, 인민해방군은 육해공 3군 협동작전을 펼쳐 대진도의 문 호인 일강산도(一江山島)를 공격했다. 60시간의 공방전 끝에 1월 20일 인민 해방군은 일강산도를 점령했다.

1955년 1월 29일, 미국 국회는 대만 결의안(Formosa Resolution of 1955)을 통과시켜 중화민국이 통치하고 있는 도서의 보호를 위해 파병할 수 있는 권한을 대통령에게 부여했다. 아이젠하워는 원자폭탄을 사용할 수 있음 을 시사했고, 주은래(周恩來)는 미국의 위협이 두렵지 않다고 맞받아쳤다.

일강산도가 함락된 뒤 장개석(蔣介石)은 대진도를 포기하기로 했다. 1955년 2월 8일부터11일까지 미국 해군 제7함대는 함정과 비행기를 동원해 민간인과 군인, 유격대원 28,500명을 대진도에서 철수시켰다. 대만해협의 첫 번째 위기는 이것으로 마무리되고 14일 인민해방군이 대진도를 점령했다.

제2차 대만해협 위기

1958년 8월 23일, 인민해방군이 금문을 향해 포격을 가했다. 이후 44일 동안 금문에 쏟아진 포탄은 50만 발에 가까웠다. 이 사건을 중국에서는 금문포격전, 대만에서는 8·23포격전이라 한다. 국제적으로는 제2차 대만해협 위기(Second Taiwan Strait Crisis)라 칭한다.

포격전 개시 초기 인민해방군은 군사 목표에 대한 포격을 주로 하였으나, 후기에는 해상운송을 봉쇄하여 금문을 고립시키는 전략을 펼쳤다. 포격전 기간 쌍방의 해군과 공군 간에도 몇 차례 전투가 있었다. 10월 초 인민해방군은 봉쇄를 포기하고 홀숫날은 포격, 짝숫날은 휴식을 취하며 점차 공세를 완화했다.

인민해방군의 상징적인 포격은 미국과 중국이 건교(建交)를 선포한 1978년 12월 16일까지 이어졌다. 1979년 1월 1일, 중국은 정식으로 금문에 대한 포격 중지를 선포했다. 금문포격전은 국공내전 종식 후 지금까지 쌍방 육해공군 간 최후의 대규모 군사 충돌이었다.

제3차 대만해협 위기

중국과 국교를 수립한 뒤 미국은 중화민국과 체결한 「중미공동방어조약」을 폐기하고 「대만관계법(Taiwan Relations Act)」으로 대체했다. 이 법안에 근거하여 대만과 상업, 문화 및 기타 방면의 관계는 계속 유지했다. 군사 방면에서 무기 수출은 유지하였으나 공동방어체계에서 대만을 제외했다.

1995년 5월 22일, 클린턴 대통령은 중화민국 총통 이등휘(李登輝)가 6월 초 미국을 비공식 방문하도록 허용했다. 근 17년간 중화민국 최고위층의 미국방문을 불허했던 관례가 깨지자 중국은 큰 불만을 표시했다. 1995년 7월부터 11월까지 인민해방군은 대만해협에서 미사일 발사와 군사훈련을 진행하여 이등휘의 미국 방문에 대한 항의를 표시했다.

7월 21일부터 28일까지 인민해방군이 발사한 동풍 15호(東風-15) 단거리 미사일 6발이 대만 기륭(基隆) 외해에 떨어졌다. 미국은 니미츠함을 위시한 함대를 대만해역에 파견하여 견제에 나섰다. 8월 15일부터 11월 23일까지는 함정, 비행기, 보병, 해군 상륙부대가 동원된 인민해방군의 군사훈련이 대만의 건너편 복건성(福建省) 연해 지역에서 전개되었다.

대만해협 제3차 위기는 1996년 3월 재발했다. 8일부터 25일까지 인민해방군은 대만해역을 목표로 제2차 미사일 발사 및 군사훈련을 진행했다. 이는 3월 23일 거행되는 대만 총통선거에 영향을 주기 위한 의도였다.

대만 최북단 기륭과 서남단 고웅(高雄) 외해를 향해 미사일이 발사되고 인민해방군이 마조를 점령할 것이라는 소문이 돌기도 했다. 3월 8일 미국은 인디펜던트함을 위시한 전투함대를 대만 동북해역에 파견 해공연합훈련을 전개했다.

3월 11일, 페르시아만에서 임무를 수행하고 있던 니미츠호함을 비롯한 선단이 대만 동부해역으로 이동했다. 베트남전이 종식된 뒤 미국이 아시아지역에서 최대규모의 군사훈련을 전개하면서 전쟁의 위기감은 최고조에 달했다.

인민해방군의 무력시위는 '양안 통일'을 지향하는 후보의 당선을 목표로 한 것이었으나 오히려 역효과를 가져왔다. 열세인 것으로 여겨졌던 이등휘가 과반수의 득표율을 기록하며 첫 번째 직선 총통에 당선되었다. 이등휘 당선 이후 대만해협의 위기는 점차 완화되었다.

대만해협 위기의 해소방안은

중국은 대만을 '미수복지'로 간주하고 무력을 써서라도 반드시 손에 넣겠다고 공언하고 있다. 이는 어불성설이다. '수복'이란 과거 자신들이 장악하였으나 현재는 지배권이 미치지 않는 땅을 되찾는다는 의미이다. 중국은 단 한 순간도 대만을 차지했던 적이 없다.

지금으로부터 한 세기 전 중국공산당 창당 당시 대만은 일본의 식민지였다. 1945년 해방을 맞이한 대만은 중화민국의 영토로 귀속되었다. 1949년 중화인민공화국 건국 당시 대만에 대한 지배권은 여전히 중화민국 정부에 있었다. 무력을 통한 대만 접수는 '수복'이 아니라 '침략'이다.

중국이 무력 통일이라는 미망에서 벗어나지 않는 한 대만해협의 위기는 계속될 것이다. 결코 쉽지 않은 길이지만, 대만해협의 위기를 해소하고 평화를 가져오는 방안은 단순하다. 동독과 서독이 그랬듯이, 중국이 중화민국이라는 독립적 정치 실체의 대만 지배를 인정하는 것이다. 그런 다음 과거와 같은 밀사(密使)를 통한 논의가 아니라, 공개적이고 공식적인 대화의 장을 마련하여 통일과 평화를 모색해야 한다.

김현주
2022. 9. 11.

미중 디커플링,
미국과 중국의 관계 회복은 불가능할까?

트럼프 집권 이래 '미중 디커플링'은 주요 이슈가 되어왔다. 당사국인 미국과 중국은 물론이고 전 세계는 미중 디커플링이 가져올 손익을 따져보고 있다. '디커플링(decoupling)', 즉 '관계 끊기'를 주도하는 입장인 미국은 중국과의 디커플링을 적극적으로 추진하고 있는 반면, 수동적인 입장인 중국은 양국의 디커플링에 극력 반대한다.

미국의 '전략적' 디커플링은 계속된다

미국의 기업은 정부의 전략적 입장과 달리 미중 간 디커플링에 회의적이다. 중국의 개혁개방 이후 미국의 많은 기업이 중국 시장에 진입하고자 많은 노력을 쏟아부었다. 시간, 돈, 그리고 사람 등등 전력을 다해 중국 시장을 잡으려고 공을 들였는데, 그것이 모두 물거품으로 돌아가게 된 것이다.

그런데 그들이 성공하지 못했던 결정적 이유는 중국 정부가 미국 기업에 대한 의존도를 줄이려는 전략을 추진하는 동시에, 중국의 핵심 기업들이 글로벌 산업 사슬에서 상위를 선점할 수 있도록 국가 차원에서 전폭적 지지를 했다는 점에 있다는 분석이다. 다시 말하면, 디커플링은 중국이 먼저 시작했다는 것이다. 중국이 글로벌 경쟁에서 살아남기 위해 취했던 자구책이 오히려 중국 내에서 자유로운 경쟁이 이루어질 수 없도록 하여 외국 기업을 밀어내는 역할을 한 셈이라는 것이다.

정치적 이유에서 비롯되었든, 경제적 이유에서 비롯되었든 미국의 중국과의 디커플링은 '기술 디커플링'에서 시작되어, 이제는 '금융 디커플링'으로 확대되고 있다. 디커플링이 선언된 초기에는 디커플링이 현실화되면 중국보다는 미국이 더 큰 손해일 것이라고 너도나도 말했다. 미국의 CNBC는 2021년 2월 18일 1조 달러 이상의 손실이 있을 것이라는 베이징의 경고를 보도했다.

문제는 그 이상의 손실을 막기 위해 미국이 중국과의 디커플링을 선언했다는 점에 있다. 코로나바이러스는 불난 집에 기름을 부은 격이 되었지만, 그보다 더 근본적인 문제는 세계적인 경기침체에 있기 때문이다. 2009년 세계 금융위기 이후 잠깐 반등했던 세계 경제성장률은 계속해서 완만하게 하락하고 있고, 그 영향에서 벗어나지 못한 미국은 재정부양책을 통해 연명해 왔지만, 경제위기를 근본적으로 해결하지는 못했다. 40년 동안 최악의 경기침체라고 불리는 현재 미국의 경제 상황은 개선될 기미가 보이지 않는다. 이런 상황에서 미국 내 기업과 시장을 보호하기 위한 미국 정부의 조치와 전략적 지향은 집권 여당이 누구인가에 상관없이 당분간 지속될 것이다.

물론 바이든 정부는 트럼프 정부의 '전면적' 디커플링이 "비현실적"

이라고 평가하며 미중 간의 '디커플링' 노선에서는 한발 후퇴했지만, 중국과의 디커플링 노선을 완전히 포기한 것은 아니다. 다만 노골적인 디커플링을 하지 않을 것이라고 보는 것이 맞을 것 같다.

중국, '쌍순환'정책을 통해 반격하다

중국은 바이든 정부의 '반' 디커플링으로의 노선 전환이 내심 반가운 눈치이다. 하지만 미국이 여전히 동맹국들과의 '기술동맹'을 통해 중국을 압박하고 있는 것에 대해서는 우려하고 있다. 특히 한국과 일본 등 중국의 주변국들을 '반도체 연맹'에 끌어들인 것에 불편한 기색을 숨기지 않는다.

미국이 공식적으로는 전반적 디커플링에서 부분적 디커플링으로의 전환을 표명했다고는 보지만, 사실은 무역, 기술, 정치, 안보, 문화, 교육 등 모든 영역에서 중국과의 디커플링을 시도하고 있다고 본다. 디커플링에 반대하는 중국은 디커플링이 결국은 미국에게 더 큰 재난을 불러올 것이라고 경고하지만, 중국 자신에게 해가 된다는 점을 숨길 수 없다. 그로 인한 피해를 최소화하기 위해 중공은 2020년 4월에 중앙재경위원회 회의에서 시진핑 총서기가 처음으로 '쌍순환'정책을 제기하였다. 국내와 국외를 모두 공략한 신발전 구도인 쌍순환정책은 중국 국내 시장의 내수적 잠재력을 충분히 발휘하는 것을 위주로 하고, 중국의 저렴한 노동력을 이용하여 국제노동분업과 국제경제에 적극적으로 참여할 수 있도록 하는 것을 목표로 한다.

중국의 궁여지책에도 불구하고, 해외의 반응은 좋지 않았다. 쌍순환

정책을 쇄국정책으로 받아들였기 때문이다. 간단히 얘기하자면, 쌍순환정책이란 내수를 진작시키면서 해외시장을 계속 공략한다는 정책으로, 새로운 제안도 아니다. 그럼에도 해외기업들에게는 중국이 국내시장을 지키겠다는 것으로 비쳤기 때문이다. 중국은 그러한 자급자족을 향한 야망을 2015년 '메이드인 중국 2025'정책으로 내놓을 당시부터 이미 품고 있었다고 말이다. 후버연구소에서 내놓은 〈차이나 리더십 모니터〉는 중국의 쌍순환정책이 중국과 세계를 단절시키고 수직적으로 생산을 통합시켜 경제적 자립을 이룩하려는 공략이지만, 중국에 기술을 수출하던 독일, 일본, 한국, 그리고 미국과 같은 국가들에게는 부정적 결과를 가져다주었다고 분석했다.

그뿐만 아니라, 중국이 해외시장을 개척하기 위해 시작한 일대일로 이니셔티브는 일대일로 연선 국가들이 중국에 의존하도록 만들고, 중국을 중심으로 한 시장은 물론 미국을 비롯한 서방 선진국들에 대한 대항집단을 '리커플링'하려는 의도로 읽혀졌다. 이에 대해 미국은 '경제민주동맹'과 '기술민주동맹' 등을 통해 미국 중심의 '리커플링'을 시도하고 있다.

공생이냐, 공멸이냐 선택에 달려 있다

미중 갈등의 끝이 보이지 않는다. 각자 나름의 대응 논리가 있다. 결국은 모두가 자국 중심적인 사고에 기반한 것이다. 중국은 미국의 압박이 결국 자본주의적 제국주의의 본모습을 보여준 것이라고 비난한다. 또한 미국은 중국의 제도적 결함과 이데올로기적 편향을 비판하고 있지만, 정작 미국의 제도적 우위가 거짓에 불과하다는 사실이 코로나 위기를 통해 여실히 드러났다고 반박한다. 그러므로 미중 갈등은 사실 패권의 위기이고, 패권국과 도전국 간의 갈등이라고 말이다.

싱가포르국립대학 아시아연구소 키쇼어 마부바니(Kishore Mahbubani) 석좌교수의 주장처럼 미국은 세계적 주도권을 상실하고, 중국이 그 리더십을 대체할까? 그럴 수도 있지만, 그렇지 않을 수도 있다. 문제는 세계적 주도권을 누가 잡는가가 아니다. 지금의 위기를 어떻게 해결하는가이다. 지금은 한 국가의 힘만으로는 해결할 수 없는 글로벌 위기에 직면해 있다. 통화 위기, 식량 위기, 기후 위기, 환경 위기 등은 어느 나라, 누구에게나 이제는 부정할 수 없는 위기로 가까이 자리 잡았기 때문이다. 공생이냐, 공멸이냐. 두 가지 선택에서 우리는 '공생'을 선택할 수밖에 없지 않을까?

김홍중

2022. 9. 16.

중국과 러시아는 사이가 좋았을까?

견고한 중-러 협력의 그늘

　중국의 급속한 경제적 부상으로 미국의 견제 강도가 날로 높아지고 있다. 2020년 화웨이 제재를 시작으로 미국은 거세게 중국을 압박하면서 경제와 외교영역에서 '가치동맹'을 내걸고 자국 이익 중심의 세계 질서와 패권 유지를 꾀하고 있다. 이러한 정치·경제적 압박 속에서 중국의 최대 우방국이 러시아라는 것에는 이견이 없어 보인다. 자원 부국 러시아와 경제 대국 중국의 협력은 현재로서 서방 세계의 어떤 견제와 제재에도 흔들리지 않는 듯하다.

　그러나 같은 이념에 기반한 국가였던 소련(러시아)과 중국은 서로 적대적 관계였다. 이 두 국가는 역사적으로 협력과 대립을 반복해왔고, 그 주된 배경으로 지경학적·지정학적 갈등을 들 수 있다.

　중국과 러시아의 첫 조우는 잘 알려진 바와 같이 1639년 시베리아 동쪽에서 일어났던 러시아와 청나라의 무력 충돌이다. 한국에서는 '나선정벌'이라는 부적절한 용어로 부르는 이 무력 충돌의 공식 명칭은 '청-러시아 국경분쟁(雅克薩战役)'이다. 그 후 1689년 네르친스크 조약으로 인해 동북아시아 영토의 구획이 이루어진다. 이때 동시베리아의 청과 러시아의 국경이 스타노보이산맥 북쪽으로 정해졌는데 산맥 아래의 흑룡강 유역과 연해주 지역은 청의 영토로 결정되었다.

스타노보이산맥 북쪽은 아한대 기후로 농사를 지을 수 없었고 대규모의 인구가 살 수 없는 불모의 땅이었지만 당시 러시아가 원했던 모피 공급처로는 부족함이 없었다. 러시아의 동진은 대항해시대가 촉발한 세계화로 인한 상업적 목적이 컸다. 유럽 국가들의 주 교역품이 향료였다면 러시아의 주 교역품은 모피였다. 그래서 동시베리아에 대규모 병력을 투사할 수 없었던 러시아의 입장에서 네르친스크 조약은 스타노보이산맥 북쪽의 영토를 확보한 것만으로도 충분히 만족할 만한 성과였다. 이후 러시아는 오호츠크해, 캄차트카반도, 그리고 베링해를 통해 일본이나 아메리카 대륙으로 진출할 수 있었다.

네르친스크 조약은 청에게도 불평등 조약이 아니었다. 동시베리아에서 러시아와 국경 문제를 해결한 청은 17세기 말 몽골 지역과 지금의 신장 위구르 지역으로 적극적으로 진출하면서 중앙아시아를 도모했었고, 18세기 말에는 네팔까지 영향력을 확장했다. 결국 청과 러시아의 국경협정은 끊임없이 확장을 추구했던 두 국가 간 타협의 산물이었다. 북쪽 지역에서 유일하게 청과 대립할 수 있는 세력이었던 러시아와 타협함으로써 청은 안정적으로 몽골과 중앙아시아까지 영향력을 넓힐 수 있었다. 중국의 전통적인 영토가 아니었던 티벳이나 신장 위구르, 내몽골 지역은 청의 정복 활동 덕분에 지금 중국의 땅이 되었다고 할 수 있다.

청과 러시아 국경의 변화는 19세기 중반 영국과 프랑스를 중심으로 한 서구 열강에 의해 청이 혼란을 겪으면서 국권을 침탈당할 때 일어났다. 네르친스크 조약 이후 200여 년이 채 되지 않은 1858년에 러시아는 아편

전쟁으로 혼란한 청을 상대로 아이훈 조약을 맺어 네르친스크 조약을 뒤집었고 러시아와 청의 경계를 아무르강으로 정했다. 또 1860년 베이징 조약으로 러시아는 우수리강이 흐르는 비옥한 연해주 지역마저도 차지해 현재 러시아 동북아 영토 대부분을 확정 지었다. 연해주는 러시아의 극동 지역에서 유일하게 농업이 가능한 지역이어서 대규모 인구가 거주할 수 있으며, 블라디보스토크를 통해 태평양으로 진출할 수 있는 전략적 요충지이다. 연해주를 차지한 뒤 곧바로 러시아는 이 지역에서 만주족과 한족을 배척했고, 대신 러시아인과 유대인, 조선인 이주를 추진해 자신들의 통치 기반을 확보하려 했다.

러시아와 청의 갈등은 동북아시아뿐만 아니라 중앙아시아에서도 있었다. 1755년 청은 숙적인 몽골계 국가인 준가르 칸국을 정벌했는데, 이곳은 동투르케스탄, 즉 지금의 신장 위구르 지역이다. 청은 끈질기게 저항한 준가르의 몽골 오이라트인들을 집단 학살하고 신장 지역으로 위구르인들을 이주시켜 자신들의 통치권을 확립하려 하였다. 문제는 오이라트의 일부인 칼미크인들이 러시아 제국에 일부 살고 있었고, 준가르 칸국과 러시아의 국경이 정확하게 구획되지 않았다는 것이다. 동투르케스탄의 서쪽 지역 일부인 일리강 유역을 러시아가 차지했고, 1881년 이리조약(伊犁條約, 또는 상트페테르부르크조약이라고 부르기도 하는데 1875년 일본과의 상트페테르부르크 조약과는 다르다)을 통해 지금의 카스시(喀什) 일대가 중국에 반환되었다. 하지만 오늘날의 카자흐스탄에 속하는 준가르의 영토 일부가 러시아 제국에 남겨졌는데 이 지역은 1950년대 중국과 소련의 군사 국경 분쟁을 야기했다.

2차 세계대전 직후 중화민국과 동맹국이었던 소련은 중국공산당과 중화민국 사이에서 등거리 외교를 했고, 이는 중화인민공화국 수립 이후 소련과 관계가 악화되는 원인이 되기도 했다. 그러나 이런 외교적 문제가 일시적이라면 영토 문제는 끊임없이 갈등을 불러일으킨다. 스탈린 사후 표면화된 중-소간의 갈등은 1969년에 결국 영토를 둘러싼 국지전까지 이르렀다. 극동 지역의 전바오섬(다만스키섬)과 중앙아시아의 잘라나시콜 호수와 둘라티 마을에서 소련군과 중국군 사이에 무력 충돌이 벌어졌다. 이 무력 충돌은 전면전에 이르지는 않았지만 핵 무력 시위가 수반될 정도였고, 이 충돌로 중국이 미국과 가까워지는 결정적 계기가 되었다.

지금 중국과 러시아의 관계에서 이런 국경 분쟁의 징조는 찾아볼 수 없다. 하지만 1972년 상하이 코뮈니케 이후 30여 년 이상 지속된 중국과 미국의 밀월이 끝나고 군사적·경제적 적대감이 고양되고 있듯이, 2001년 중국과 러시아가 주도해 결성한, 그 어느 때보다도 지금 그 결속력이 강한 상하이 협력기구의 미래 역시 언제 변화할지 알 수 없다. 중소 국경 분쟁이 발생하기 전 1960년대 초의 중국은 소련에 러시아 제국 시절 체결한 아이훈 조약과 베이징 조약을 철회하고 새로운 국경 조약을 맺을 것을 제안했다. 물론 소련은 즉각 이 제안을 거부했지만, 중국이 불평등조약으로 빼앗긴 극동 지역을 잊지 않고 있다는 것이 확인되었다. 동북아시아의 잠재적 국경 분쟁 중 가장 규모가 큰 지역이 바로 연해주이다. 그뿐만 아니라 중국의 경제성장으로 중국 접경 지역의 러시아 도시들은 급속도로 중국의 경제적 영향권에 놓이고 있다. 이미 2000년대 초반부터 러시아의 극동 지역과 바이칼 주변 도시에 4년 이상 장기 거주한 중국 사업가들의 비율이 꾸준히 증가하고 있다. 서방의 경제 제재로 인해 지금 연해주 지역에는 중국 열풍이라고 부를 정도로 중국인 사업가들의 진출이 유례없이 활발하다. 하지만 영토 분쟁의 기억은 이 경제적 활기를 마냥 긍정적으로 바라볼 수 없게 하는 요인이다. 같은 이념에 기반한 국가였지만 냉전 시대에 서로 적대적이었던 소련과 중국의 관계는 결국 1972년 '상하이 코뮈니케'를 통해 중국이 미국 주도의 세계화 질서에 참여하게 했고, 이는 냉전 시대 미소 2강 체제의 종말을 알리는 신호이기도 했다. 역설적으로 이념의 시대가 끝난 지금의 중국과 러시아의 우호 관계는 이익 기반에 있다. 중국과 러시아는 긴밀한 협력관계를 유지하고 있지만, 그 수준이 군사 동맹에 이르지 않았다는 점을 주목해야만 한다.

대만 통일 위해 무력 사용 언급한 시진핑, 서방과 갈등 깊어질 듯

시진핑 3기 중국을 바라보는 서방 국가들의 시선

지난 16일, 영국 맨체스터의 중국 총영사관 정문 앞에서 홍콩의 민주화를 요구하는 시위 참여자 가운데 한 명이 총영사관 안으로 끌려 들어가 폭행을 당한 사건이 벌어졌다.

자신을 밥(Bob)이라고 밝힌 시위 참가자는, 총영사관에서 나온 "대륙인(Mainlanders)"들이 시위대의 포스터를 훼손하였고, 이를 저지하려고 하자 총영사관 직원들이 자신을 정문 안쪽으로 끌어당긴 뒤 집단 구타했다고 영국 공영방송 BBC 인터뷰에서 밝혔다.

현장에 있던 영국 경찰관에 의해 구조된 이 시위 참가자는 "우리는 우리의 의견을 말할 자유가 있고, 그렇기 때문에 시위를 하러 나온 것이다"라면서 이들의 시위를 방해한 중국총영사관 측을 비판했다. 주(駐)맨체스터 중국 총영사관 측은 대변인을 통해 시위대가 "중국 주석을 모욕하는 그림을 걸어놓았고, 이러한 행위는 어느 나라의 대사관이나 영사관이든 용납할 수 없을 것"이라고 밝혔다.

대사관 앞에서 해당 국가의 사안에 대해 시위가 벌어지는 건 흔한 일이지만, 총영사관 직원이 직접 폭행에 가담하는 일은 흔치 않아 영국 정계에서도 이를 심각한 사건으로 간주하고 있다.

맨체스터 경찰이 이 사건에 대해 공식적인 수사를 시작했으며, 보수당 의원이자 영국 하원 외교위원회 의장이기도 한 앨리시아 컨즈(Alicia Kerns) 의원은 주맨체스터 중국 총영사 정시위엔(鄭曦原)이 포스터 훼손에 직접 참여했다고 주장하면서, "중국공산당이 시위자를 표현하고 표현의 자유를 탄압하는 행위를 영국에서까지 하고 있다"며 우려를 표하기도 했다.

영국 외무부 역시 성명을 통해 "영국 내에서의 평화적인 시위에 대한 권리를 중국 역시 존중해야 한다"라며 우려를 표명하는 한편, 외무부 장관 제임스 클레벌리(James Cleverly)는 10월 18일 화요일 주영 중국대사를 초치하여 이번 사건에 대한 설명을 요구하기도 했다.

중국 외교관이 폭행에 가담하였다 하더라도 외교관의 면책 특권으로 이들이 형사상 책임을 직접 지게 될 가능성은 낮은 편이다. 하지만 영국에 주재하는 외교관이 영국 내 주민을 직접 폭행한 이례적인 사건이기에, 영국 정부가 이들에 대해 '페르소나 논 그라타(Persona Non Grata, 기피인물 지정)'를 선언할 가능성도 있다.

"전랑외교"를 이어갈 것으로 예상되는 시진핑 3기 정부

영국 맨체스터에서 중국 외교관이 홍콩 민주화 시위자를 폭행하는 충격적인 사건이 있었던 16일, 중국 베이징에서는 제20차 중국공산당 전국대표회의가 시진핑 주석의 연설과 함께 개막됐다. 시진핑 주석은 1시간 44분 연설에서 국내 경제 불균형과 부패에 대한 강력한 대응을 약속하며 국내 정세를 안정시킬 것을 약속했다.

이번 연설에서는 국내 정책에 비해 외교 문제는 상대적으로 언급이 적은 편이었다. 하지만 시진핑은 중국이 "세계정세가 급변하는 와중에도 중국의 국익을 우선으로 하면서 전략적 결의를 완고하게 지켰다"라고 자평하며 "전랑외교"라는 이름이 붙은 공격적인 외교 정책을 치커세웠다.

특히 중국이 "위협에 굴복하지 않겠다는 투지와 결단"을 보여줬다면서, 현재 진행 중인 미국과의 대립을 이어가겠다는 의지를 내비쳤다.

중국은 미국뿐만 아니라 서방세계에서 가장 관심과 우려를 표하면서 유엔이 "반인도적 범죄"라고 비판하기도 하였던, 중국 정부의 신장 위구르족에 대한 전방위적 탄압에 대해서는 별도로 언급하지 않았다.

다만 시 주석은 종교에 관해 언급하면서 "중국 내 모든 종교는 중국적이어야 하며, 적극적으로 이들을 지도하여 사회주의 사회에 적응할 수 있도록 해야 한다"라고 강조했다.

이는 위구르족에 대해 가해지는 정부 차원의 "재교육"을 정당화하고 이들에 대한 탄압을 계속 이어가겠다는 입장으로 해석되는 만큼, 이 문제를 두고 중국과 국제사회 사이의 갈등도 계속될 것으로 예상된다.

홍콩과 대만 정책

시 주석은 이번 연설에서 홍콩과 대만 문제를 초반에 언급하면서 이 두 지역의 문제를 심각하게 받아들이고 있음을 보여줬다. 홍콩에 대해서는, 중국공산당이 홍콩 내 친중파와 협력하여 친민주주의 진영과 반정부

세력을 진압하여 질서를 가져왔음을 높이 평가하면서, 반중 진영의 민주화 요구를 거부하고 중국과의 협력 확대를 통해 홍콩에 대한 지배와 통제를 지속적으로 확대할 것임을 암시했다.

대만 문제의 경우, 지난 19차 전국대표회의 연설보다 훨씬 앞에서 언급하며 중국의 관심이 예전보다 높아졌음을 보여줬다. 시 주석은 대만과의 평화적 통일을 추구한다는 기본적인 원칙에는 변화가 없다고 하였지만, 필요한 경우에는 무력을 사용할 수도 있음을 강조하며 대만 통일에 대한 의지를 보여주었다.

특히 대만 통일 과정에 "외세의 간섭"이 절대 있어서는 안 되며, "대만 문제는 중국인의 문제이며, 이는 반드시 중국인에 의해서만 해결되어야 한다"는 점을 강조했다.

이는 최근 펠로시 미 하원 의장이 대만을 방문하거나, 바이든 대통령이 유사시 대만 방어를 보장하겠다는 발언을 하는 등 미국의 대만 지원 움직임에 불만을 표시하고 이를 견제하는 것으로 보인다.

2012년 시 주석은 "중화민족의 위대한 부흥"을 2049년 중화인민공화국 건국 100주년까지 달성하겠다고 공표했는데, 이를 위한 조건 중 하나가 대만과의 통일이다.

최근 코로나19에 대한 부실한 대응과 저조한 경제성장률로 중국공산당 일당 체제의 정당성은 위기를 맞았다. 이러한 상황에서 시 주석의 공표는 대만과의 통일 문제를 강조함으로써 최고조에 달한 중국 민족주의 여론의 기세를 등에 업으면서도, 한편으로는 외세인 미국이 대만을 지지하여 중화민족의 분열이 이어지고 있다는 논리로 미국의 위협을 강조함으로써 전대미문의 3연임을 시도하는 시진핑 정권의 정당성을 강화하기 위한 시도로 보인다.

대중국 정책 전환을 시도하는 EU

시 주석이 전국대표회의 개막 연설에서 현재 중국 정부의 공격적인 외교정책을 이어갈 것을 천명한 상황에서, EU 역시 중국에 대한 정책을 바꿀 것을 시사했다. EU는 2019년 중국을 "체제적 경쟁자"이자 "협력 파트너"로 인정하면서, 트럼프 대통령 당시 미국의 보호주의정책에 공동으로 대응하는 등 미국과는 어느 정도 거리가 있는 정책을 독자적으로 추진해왔다.

하지만 17일 〈파이낸셜타임스〉 보도에 따르면, EU가 대중국 정책 변환을 골자로 한 보고서를 작성 중이며, 이 보고서는 중국을 경제적·정치적으로 라이벌인 "전면적 경쟁자"로 규정하고 있는 것으로 보인다.

특히 우크라이나-러시아 전쟁으로 인해 서방세계가 러시아에 등을 돌리는 상황에서도 중국은 긴밀한 관계를 맺고 있다는 점, 대만에 대한 위협을 꾸준히 가한다는 점, 그리고 신장 위구르족에 대한 탄압으로 인권을 유린하며 서구권이 중시하는 보편적 가치에 반하는 행보를 하고 있는 점을 들면서 중국의 정치적 위협을 강조했다. 이를 위해 중국에 의존하는 공급망을 더욱 다양화하고, 미국 및 인도-태평양 동맹국과의 관계를 강화할 것을 EU 각국에 주문했다.

한국 등 아시아 주요 국가뿐만 아니라, 서방의 주요 국가 역시 최근 수십 년간 고도로 경제성장을 이루고 있는 중국과의 전방위적 협력을 추진해왔다. 2010년대 초반 시진핑 주석이 취임한 후, 중국은 공세적인 외교정책을 펴면서 일대일로 정책을 통해 아시아, 아프리카에 대규모 투자를 제공하였다. 하지만 고속 성장을 이루면서도 전체주의 체제를 유지하는 중국식 모델을 주변국들은 긍정적으로 바라보지 않는다. 중국식 모델이 경제성장을 통해 중산층을 확대하고 이를 통해 민주주의의 성장을 이끄는 서구식 모델의 대안으로 제시되면서, 냉전 수준의 국제 분열이 초래할 것을 우려해 왔기 때문이다.

시진핑 3기 중국 정부가 위구르족에 대한 탄압과 대만 등 주변국에 대한 공세적인 정책을 이어가겠다고 선언한 만큼, 이와 전면적으로 상충하는 가치를 가진 서구 진영과의 갈등은 당분간 더욱 깊어질 수밖에 없을 것이다.

최재덕
2022. 11. 4.

남북관계,
가장 절박할 때 개선 기회 마련했다

유라시아 대륙의 반대편 우크라이나에서 시작된 전쟁의 총성이 미중 패권 경쟁을 민주주의 국가 대 권위주의 국가의 진영 경쟁으로 확대하면서 우려해왔던 한반도의 신냉전 시기를 앞당겼다. 5년 만에 재개된 한미 연합 군사훈련에 대한 북한의 고강도 대응은 한·미·일 대 북·중·러의 대립이 본격화했음을 알리는 신호탄이다.

북한은 2022년 9월 말 실시한 한미연합훈련에 대해 빈번한 단거리 탄도미사일 발사와 군용기 시위 비행으로 대응한 데 이어, 한미연합 공중훈련 '비질런트 스톰(Vigilant Storm)' 시행에 반발하여 11월 2일 사상 최초로 동해상 북방한계선(NLL) 이남으로 탄도미사일을 발사했다. 여기에 우리 군은 정밀 공대지미사일 3발을 NLL 이북 공해상, 북한 미사일 낙탄 지역과 상응한 거리 해상에 정밀 사격하는 것으로 대응했다.

북한은 11월 3일에도 화성-17형으로 추정되는 대륙간탄도미사일(ICBM)을 포함하여 3발의 미사일을 추가로 발사하여 한반도의 군사적 긴장이 고조되고 있다.

북한의 전례 없는 강경한 태도는 미중 패권 경쟁, 강대국 경쟁의 시대라는 큰 틀 내에서 미국과 유럽 및 민주주의 국가 연대에 대응한 중국과 러시아 중심의 권위주의 국가의 결집과 연계되어 있다. 강대국 중심의 진영 간 대립 구도가 한반도에 냉전적 구도를 강화하고 안보 구조적 제약이 지정학적 리스크가 커지는 방향으로 작용하기 시작했다.

북한은 중러 중심의 다극 체제와 신냉전으로 이행하는 국제 정세의 혼란기를 자국의 영향력을 키우고 핵 무력을 완성할 기회로 삼고 있다. 북한은 2022년 3월 유엔총회에서 러시아의 우크라이나 침공 규탄 결의안에 반대하고 7월에는 러시아가 무력으로 점령한 '도네츠크 인민공화국(DPR)' 과 '루간스크 인민공화국(LPR)'을 독립국으로 승인했다.

김정은 위원장은 푸틴 대통령에게 보낸 칠순 기념 축전을 통해 러시아가 미국에 대항하는 것에 대해 푸틴의 탁월한 영도력과 강인한 의지를 칭송하고 북러 친선관계를 더 높은 단계로 발전시키자고 제안했으며, 2022년 5월 홈페이지 게시물을 통해 북한이 시진핑 주석의 '글로벌 안보 구상'을 전적으로 지지한다면서 중국의 국제질서 재편 움직임에도 적극 동조하고 있다.

이에 중국과 러시아는 UN 안보리 상임이사국으로서 북한의 대륙간 탄도미사일 및 중거리탄도미사일 발사에 대한 UN 안보리 차원의 대북 추가 제재 결의안 채택에 반대하면서, 북한의 도발에 보호 장막을 제공하고 있다. 북·중·러의 연대가 가시화된 것이다.

북한은 4월 25일 조선인민혁명군 창건 90주년 열병식에서 핵 무력 사용 기준을 '자국이 군사적 공격을 받을 경우'에서 '근본 이익 침탈 시'로 확대하고, 9월 8일 최고인민회의에서 '조선민주주의인민공화국 핵 무력 정책에 대하여'라는 법령을 제정하여 '위협 상황'에 대응하여 김정은 총비서의 판단에 따라 핵무기를 사용할 수 있도록 했다.

북한의 핵 무력 완성 의지는 우크라이나 전쟁으로 더 강화되었을 것이다. 1994년 당시 우크라이나는 소련 시절 보유했던 1,800여 개의 핵탄두와 ICBM 폐기 대가로 미국·영국·러시아와 영토와 안보를 보장한다는 부다페스트 양해각서를 체결했다. 그러나 20년 후인 2014년, 러시아가 크림반도를 병합하는 과정에서 미국과 서방은 러시아에 경제 제재만 가하고 직접 개입하지 않음으로써 이 양해각서는 무용지물이 됐다.

우크라이나의 끊임없는 나토 가입 요구에도 나토는 러시아와의 전면전을 우려해 이를 유보해왔고, 핵 포기 후 28년이 지난 시점에서 러시아가 우크라이나 본토를 침공했음에도 미국과 서방이 핵전쟁으로 확산될 것을 우려하여 경제 제재와 무기 지원으로 대응하고 있다.

이런 일련의 과정들은 북한이 핵 포기 후 약소국이 당할 배신, 서방이 보증하는 안전 보장의 허상과 냉혹한 국제질서를 다시 자각하고 핵 무장만이 생존을 위한 유일한 방법임을 다짐하는 계기가 되었을 것이다.

북한은 미사일 도발의 책임을 한국과 미국에 돌리며 미국과 남측의 군사 행동에 대한 정당한 반응이라면서 한미가 북한을 겨냥해 무력을 사용할 경우 끔찍한 대가를 치르게 될 것이라고 위협했다. 또한 미국은 NLL 이남으로 발사된 미사일을 포함해 북한의 대량 미사일 발사가 무모한 행동이며 핵실험 시 후과가 있을 것이라고 경고했다.

지금과 같이 북한이 핵 무력 고도화를 자위 수단으로 합리화하며 무력 도발의 수위를 높이고 미국과 한국이 강 대 강으로 대응하는 상황에서 남북한 긴장 완화의 기회를 찾기 어려운 상황임은 분명하다.

한국은 북한의 도발에 대해 군사적으로 단호한 경고를 보내고 한미동맹의 군건함과 전략적 우위를 확실히 해야 하지만, 동시에 북한의 수용 여부와 관계없이 관계 개선의 의지가 있다는 것을 지속적으로 피력해야 한다.

한반도는 전 세계에서 지정학적 리스크가 매우 높은 지역에 속한다. 미국과 러시아의 대결은 우크라이나 전쟁으로 비화하였고, 같은 대륙 반대편에서는 미국과 중국이 대만해협과 한반도에서 힘의 대결을 벌이고 있다. 일본은 중국과 북한의 위협을 계기로 군사력 증강을 모색하고 있다.

한국 안보에 가장 우려되는 상황은 북·중·러 대 한·미·일의 대결로 빚어지는 남북한 갈등의 극대화이다. 남북한의 갈등은 한반도에 투사되는 강대국의 부정적인 압력을 높이고 개입의 빌미를 제공한다. 강대국의 지정학적 대결은 우크라이나와 한국과 같은 중간국에 부정적인 압력을 투사한다.

지금과 같이 중러 연대가 힘을 강화하고 북한이 더욱 대담한 도발을 이어가면, 중러의 대척점에 있는 미국과 일본이 힘의 균형을 맞추기 위해 한반도에서의 영향력을 확대하게 된다. 이 과정에서 한반도에 투사되는 강대국의 부정적인 압력은 증가하고 한국의 외교적 선택의 폭이 좁아져 미·중·일·러의 힘의 균형점이 깨지기 쉬운 상태가 된다.

한미 동맹과 한·미·일 군사 공조는 한국의 안보에 매우 중요하다. 그러나 한국은 한국의 지정학적 특수성을 인정하고 미·중·일·러의 힘의 균형점이 급격히 변하지 않도록 강대국의 부정적인 압력을 분산하려는 노력을 기울여야 한다.

한국은 우크라이나가 처한 지정학적 상황과 매우 유사한 상황에 놓여 있다. 우크라이나 전쟁은 중간국의 외교가 매우 중요함을 보여준다. 신냉전이라는 비우호적인 전략 환경 속에서 한국은 한반도의 위기가 고조되지 않도록 적극적인 외교적 노력을 기울여야 한다.

한국전쟁은 북한의 남침에 대한 소련의 승인으로 발발했고 중국의 파병으로 결국 종전하지 못한 채 북한, 중국, 유엔군 사이에 맺어진 정전 협정이 지금까지 이어지고 있다. 민주 진영과 공산 진영의 대리전이자 북·중·러 연대의 산물이다. 그러므로 한미 동맹 강화와 한일관계 개선과 더불어 한중·한러 관계의 위기를 관리하여 북·중·러의 연대를 견제할 경제적·외교적 상호 발전 기회를 만들어 가야 한다.

우리는 북한의 도발을 미중 패권 경쟁과 진영 대결, 국제질서를 다극 체제로 견인하려는 중러의 연대와 한반도 신냉전 구도의 심화라는 넓은 관점에서 접근해야 한다. 또한 우크라이나와 한국이 처한 지정학적 위기 상황을 토대로 중간국으로서 강대국의 압력이 커지는 구조화된 안보적 제약의 관점에서 접근해야 한다.

남북한 관계는 가장 어렵고 절박할 때 관계 개선의 기회를 마련했다는 점을 기억하고, 남과 북이 미중 패권 경쟁과 신냉전의 희생양이 되지 않도록 한반도 안보 위기에 공동 대응하려는 노력을 기울여야 한다. 한국은 긴 시계열에서 신냉전의 위기를 극복하고 남북 개선의 기회를 모색하며 위기 다음에 올 평화의 시기를 기다려야 한다.

김영신
2022. 11. 11.

중국 당대회 종료,
대만 문제도 수그러들까
NLL과 대만해협 중간선

한미연합 공중훈련 시행에 반발하여 북한이 11월 2일 사상 처음으로 동해상 북방한계선(NLL) 이남으로 미사일을 발사했다. 이에 대응하여 우리 군도 북방한계선 이북으로 미사일을 발사했다.

한반도로부터 남쪽으로 1천 마일가량 떨어진 대만해협의 긴장 상태도 여전하다. 지난 8월 이후 인민해방군 전투기가 여러 차례 대만해협 중간선을 넘는 도발이 이어졌다. 북한과 중국의 선을 넘는 행위들이 계속되고 있어 지역의 긴장감이 덩달아 증폭되고 있다.

실체는 없으나 존재하는 경계선

대만해협 중간선은 155마일에 달하는 철책으로 구성된 우리의 휴전선과는 달리 실체가 없는 무형의 경계선이다. 해상에 그어진 경계선이라는 점에서 NLL과 대만해협 중간선은 공통점이 있다.

NLL은 한국전쟁 휴전 후인 1953년 8월 30일 당시 유엔군 사령관 마크 클라크(Mark W. Clark)에 의해 설정되었다. 그 목적은 남북 간의 우발적인 무력 충돌이 발생할 가능성을 줄이기 위해서였다. NLL이 최초 설정된 후 수십 년간 북한도 이 경계선에 전혀 이의를 제기하지 않고 준수하였다.

대만해협 중간선도 양안(중국과 대만)의 무력 충돌을 미연에 방지하기 위해 설정되었다. NLL과 마찬가지로 수십 년간 양안이 암묵적으로 그 존재를 인정하였다. NLL과 다른 점이라면 대만해협 중간선이 언제, 누구에 의해 설정되었는가에 대해서는 다른 주장이 있다.

두 개의 대만해협 중간선

1954년 '제1차 대만해협 위기'가 폭발하자 외부로부터의 공산당 전복 활동에 공동으로 대응할 필요성을 절감한 대만과 미국은 「공동방어조약」을 체결했다. 조약에 의거하여 미군은 미군협방대만사령부(USTDC)를 설치하고 제13항공특견대(Air Task Force 13)를 대만에 주둔시켰다.

특견대장 데이비스(Davis) 준장은 대만해협 중간선을 획정하고 휘하에 "중간선을 넘는 인민해방군 비행기와 함정에 대해 공격해도 좋다"라는 지령을 내렸다. 이는 곧 데이비스가 처음으로 대만해협 중간선을 그었다는 것이고, 이에 따라 이 경계선은 데이비스선(Davis Line)이라고도 칭하였다.

1950년대 대만 공군작전사령관이었던 천유웨이(陳有維)가 대만해협 중간선을 최초 설정하였다는 주장도 있다. 대만해협의 현상 유지를 바랐던 미국은 대만군이 일반적인 경계비행 임무를 수행할 때 중국대륙 연해 15해리 이내로 진입하지 못하도록 요청하였다. 이는 천 사령관을 통해 대만 공군에 지시사항으로 하달되어 집행되었기에 천유웨이션(陳有維線)이라고도 불렸다.

1990년대 중공군의 급격한 성장이 있게 되면서 대만 공군은 이전까지의 중국대륙 연해 지역에 대한 저고도, 근거리 정찰비행을 포기하고 점차 데이비스선을 넘는 비행을 자제했다. 인민해방군의 전투기와 함정도 이때까지는 묵계에 따라 중국대륙 해안선 15해리 이내 범위를 벗어나지 않았다.

대만해협 중간선의 실제 좌표는?

1950년대 중엽 이후 오랫동안 중국·미국·대만은 암묵적으로 대만해협 중간선의 존재를 인정했다. 다만 그 실제 좌표가 공포되지 않아 여러 설이 있었다. 대만해협 중간선의 실제 좌표가 명확하게 공개된 것은 2004년이다. 당시 대만 국방부 장관은 북위 27도 동경 122도를 기점으로 하여 북위 23도 동경 118도를 잇는 약 500킬로미터의 연결선을 대만해협 중간선이라고 공포하였다.

중국은 암묵적으로 중간선의 존재를 인정하고 군용기와 함정은 물론이고 민항기와 민간 선박의 대만해협 통과도 자제했다. 1983년 말, 중국 선적의 여객선이 대만해협을 통과한 뒤부터 중국은 대만해협 항행을 완전히 회복하기는 하였지만, 여전히 중간선 서쪽을 항행하는 방식을 취하였다.

중국은 암묵적으로 중간선의 존재를 인정하고 군용기와 함정은 물론이고 민항기와 민간 선박의 대만해협 통과도 자제했다. 1983년 말, 중국 선적의 여객선이 대만해협을 통과한 뒤부터 중국은 대만해협 항행을 완전히 회복하기는 하였지만, 여전히 중간선 서쪽을 항행하는 방식을 취하였다.

1996년 '제3차 대만해협 위기'가 폭발한 이후부터 인민해방군의 비행기가 가끔 의도적으로 중간선을 넘는 경우가 있었다. 1999년 7월 9일 리덩후이(李登輝) 총통이 '해협 양안은 특수한 국가와 국가의 관계'라는, 중국의 입장에서 볼 때는 대만독립을 주창하는 듯한 발언이 있자 인민해방군 전투기가 대만해협 중간선 근처까지 대거 출동하기도 했다.

대만·미국 관계의 변화와 대만해협 위기의 심화

2019년 3월 31일 인민해방군 공군의 젠-11(殲-11)형 전투기가 대만해협 중간선을 넘어 10여 분간 비행한 뒤 대륙으로 귀환하였다. 이는 20년 만에 인민해방군 전투기가 의도적으로 선을 넘은 비행이었다. 대만 국방부는 사후 엄중한 항의를 제출하고 책임자에 대한 처벌을 요구하였다. 미국 의회는 1979년 공포된 「대만관계법」에서 약속한 대만 보위에 대한 협조를 성실히 수행할 것이라고 약조하였다.

2020년 차이잉원(蔡英文)이 연임에 성공한 뒤 인민해방군은 훙-6(轟-6) 등 전투기를 출동시켜 바시 해협을 지나 서태평양으로 진입한 뒤 원주둔지로 귀환하는 비행을 감행했다. 이 과정에서 인민해방군 전투기가 일시 대만해협 중간선을 넘었다.

최근 몇 년 사이에 부쩍 잦아진 인민해방군 전투기의 대만해협 중간선 침범은 대만과 미국의 관계가 긴밀해진 상황과 직접적으로 맞물려 있다. 2020년 2월 2일부터 9일까지 대만 부총통이 미국을 방문했다. 그해 여름에는 미국 위생부 장관, 국무차관보가 잇따라 대만을 방문했다. 이에 수반하여 대만해협 중간선을 넘는 인민해방군 전투기의 비행 횟수도 증가하였다.

급기야 2020년 9월 21일 중국 외교부 대변인은 이른바 대만해협 중간선은 존재하지 않는다고 공언하였다. 중국 정부가 처음으로 대만해협 중간선의 존재를 공개적으로 부정한 것이다. 이는 대만을 향한 중국의 무력시위와 도발의 강도가 1996년 대만해협 위기 종식 이래 최고점에 달하게 되었음을 상징적으로 보여주는 것이기도 하였다.

2022년 5월 10일, 인민해방군 무장헬기 한 대가 대만해협 중간선을 넘었다. 중국 국방부 대변인은 정례 기자회견에서 중국대륙과 대만 사이에 중간선은 존재하지 않는다고 재차 강조하였다. 같은 해 6월 13일 중국 외교부 대변인은 「유엔해양법공약」과 중국 국내법에 근거하여 볼 때 대만해협은 중국의 내수(內水)이자 영해라고 주장하였다.

2022 여름, 미국 하원의장 펠로시가 대만을 방문하자 중국은 강력히 반발하였다. 이날 밤부터 인민해방군은 대만 주변에서 실탄사격을 포함한 일련의 연합군사훈련을 전개했다. 당일 저녁 신화사가 공개한 군사훈련의 진행예정표에 따르면 가오슝(高雄) 외해의 인민해방군 훈련구역은 대만 영해까지 포함되어 있었다. 8월 13일, 인민해방군 비행기가 대만해협 중간선을 넘어 대만의 서남 공역에 진입하였다.

대만해협 위기는 점차 수그러들 것

2022년에는 유독 인민해방군 비행기가 대만해협 중간선을 넘는 경우가 많았다. 그때마다 중국 외교부는 양안이 하나이기 때문에 대만해협에 이른바 중간선은 존재하지 않는다고 주장하였다. 지난 수십 년간 양안이 군사적 충돌을 피하고자 암묵적으로 인정하였던 중간선은 이제 양안 간 전쟁의 도화선이 될 가능성이 커지고 있다.

다만 최근의 의도적인 중간선 침범은 중국 내부의 정치적 상황과도 깊은 상관관계에 있는 것으로 보인다. 2022년 중국의 가장 중요한 정치 행사인 공산당 전당대회가 성공적(?)으로 마무리된 지금, 중간선 침범과 같은 대만해협의 위기를 증폭시키는 행위는 점차 수그러들지 않을까 조심스럽게 관측해 본다.

김홍중
2022. 12. 9.

갈등과 대립의 동북아,
서로를 이해할 방법은 없을까?

소련의 공공외교 VOKS와 동북아시아

세계화와 함께 공공외교의 중요성이 강조되고, 조지프 나이가 규정한 '소프트 파워'가 현대의 국제관계에서 중요한 요소가 되고 있다. 소프트 파워는 국제관계에서 전통적 권력 투사 수단인 '하드 파워'를 대표하는 군사력과 경제력 외에도 이전 국제 정치에서는 주요 수단으로 주목받지 못했던 '매력', '설득', '이끌림' 등과 같은 요소들을 국제 정치에서 강조하는 것을 말한다. BTS나 봉준호의 영화는 소프트 파워의 좋은 예이고, 이는 문화적 영향력 외에도 정치적 영향력까지 갖는다. 조 바이든 미국 대통령이 BTS를 만난 것이 좋은 예이다. 일반적인 문화 전파와 달리 소프트 파워는 정치적 의미와 국가 차원의 외교적 의도가 더해진다.

조지프 나이가 소프트 파워의 개념을 정의하였지만, 동북아시아에서 소프트 파워의 역사는 생각보다 오래되었다. 1925년 소련은 VOKS(전 러시아 해외 문화 교류 협회)라는 기관을 설립하여 공공 문화 외교를 기획한다. VOKS의 설립자는 러시아 혁명의 지도자 중 하나였던 트로츠키의 누이 올가 카메네바였다. VOKS는 1958년까지 유지되었고, 이후 바뀐 이름인 SSOD(외국과의 문화 교류와 우호를 위한 소련 사회 연맹)로 1991년까지 소련의 공공외교를 담당하는 기관이었다. VOKS의 전신은 1920년대에 영국과 프랑스 같은 유럽 국가에게 대외원조를 요청하기 위해 설립한 민간 외교 기구들이었으나, 러시아 내전이 끝난 뒤 카메네바는 20년대 세계적으로 명성이 높았던 소련의 문학과 미술, 연극, 영화의 성과를 통해 소련의 이념적·사회적 우월성을 전파하기 위해 VOKS를 설립하였다.

VOKS는 영어, 프랑스어, 독일어로 《VOKS 뉴스》라는 잡지도 발행했다. 소련의 혁명 시인 블라디미르 마야콥스키, 노벨상 수상자 미하일 숄로호프, 작곡가 세르게이 프로코피예프, 드미트리 쇼스타코비치, 영화감독 세르게이 에이젠쉬테인 등이 이 잡지에서 활동했으며, 심지어 인도의 시인 라빈드라나트 타고르나 프랑스 작가 로망 롤란도 VOKS 활동에 협력하였다. 50년 이후 VOKS는 여행 프로그램, 민간 축제 교류 등으로 영역을 확대하는데, 1989년 임수경이 참가한 세계청년학생축전 역시 유사한 소프트 파워 행사이다.

VOKS의 초기 활동 중에서도 특히 러시아 지식인의 동아시아 방문은 주목할 만한데, 소련의 작가 보리스 필냑과 그의 아내 올가 쉐르비노프스카야가 동아시아를 방문했다. 당시 필냑은 소련의 최고 베스트셀러 작가였고 쉐르비노프스카야는 러시아 연극의 심장부 말리 극장의 전속 여배우였다. 1926년 초 이 둘은 하얼빈에서 한반도 부산을 거쳐 일본으로 향했고, 같은 해 3월에서 5월까지 일본을 여행한 뒤 묵던(선양), 베이징, 상하이, 우한 등지를 순회하였다.

당시 사회적으로 안정되고 해외 문화에 관심이 높았던 일본 사회에서는 혁명의 나라에서 온 작가를 열렬히 환영했고, 신문에서는 그의 일거수일투족을 매일같이 보도했지만, 중국의 경우 소련 지식인의 방중 자체가 사회적 관심거리가 되지 못했다. 중국 군벌들 간의 전쟁과 서구 열강의 침탈로 중국 사회가 해외의 문화와 사상에 관심을 가질 형편이 아니었기 때문이다. VOKS나 소련의 지식인들은 프롤레타리아 문화와 10월 혁명의 정신을 전파하길 원했으나, 필냑은 말 그대로 문화 교류만 하고 돌아왔고(해외에서 인기를 끌었던 초기 VOKS 활동가 대부분은 비프롤레타리아 계열의 아방가르드 예술가들이었다), 이듬해인 1927년에 자신이 주인공인 일본과 중국에 관한 소설을 연이어 발표했다. 그리고 이 두 편의 소설 역시 정치적·외교적 의도가 없는 순수한 문화 탐구와 시대 탐구를 목적으로 하는 글이었다. 이에 소련의 프롤레타리아 지식계는 필냑의 글을 식민지 문학의 '이국 취향'으로 정의하면서 필냑을 구시대적 부르주아 소설가라고 비난하였다. 이 식민지 문학의 '이국 취향'은 사이드가 오리엔탈리즘의 대표적 사례로 꼽는 서양의 동양 인식 방법이었다.

그러나 VOKS나 프롤레타리아 지식인들이 필냑에게 요구한 아시아에 대한 올바른 인식도 새로운 오리엔탈리즘이었다. 이들은 미개하고 봉건적인 아시아에 10월 혁명을 가능하게 한 이성주의와 유물론을 전파해야 한다고 생각했으나, 필냑은 일본 프롤레타리아 작가들 앞에서 문학은 모든 민중에게 속하기 때문에 프롤레타리아를 위한 특별한 문학이라는 것은 불가능하다고 말하며 이들의 기대를 저버렸다. '레드 오리엔탈리즘'을 거부한 필냑이 쓴 소설 『일본 태양의 근원』은 루스 베네딕트의 『국화와 칼』보다 20년 앞서 일본 문화를 통해 일본인의 정신세계를 탐구하는 소설이었다. 필냑은 『일본 태양의 근원』이 출판된 지 10년 뒤 일본을 위한 스파이 행위로 체포되어 1938년 총살당했고, 이렇게 1920년대를 대표하는 소련 작가 중 한 명이었던 필냑은 오랫동안 러시아 문학사와 지성사에서 사라졌다.

사이드의 오리엔탈리즘은 말 그대로 동양 밖에서 동양을 인식하는 거의 모든 행위를 포괄한다. 서양인과 러시아인의 관점에서 동양은 항상 타자일 수밖에 없으며, 이는 아시아 사람들 사이에서도 마찬가지이다. 한국, 중국, 일본은 서로에게 타자이다. 그래서 어느 경우라도 자신의 시선은 필요하다. 소련의 마르크시스트와 일본의 프롤레타리아 작가가 그랬던 것처럼, 타자의 관점에서 자신을 바라보게 되면 오히려 자신을 왜곡하게 된다. 그래서 사이드의 오리엔탈리즘은 실천이 아니라 인식을 위한 사유이다. 즉, 자신이 자신의 관점으로 타인을 지배하고 재구성하며 억압하는 것을 경계하고 되돌아보기 위한 사유이다.

VOKS와 필냑의 소설『일본 태양의 근원』그리고 이 소설에 대한 러시아와 일본 프롤레타리아 작가들의 반응은 20세기 세계화 시대의 공공외교, 소프트 파워의 본질과 지향점을 다시 생각하게 한다. 필냑이 일본을 목적으로 대하지 않았다는 것은 분명 시대를 앞서는 것이었다. 그의 시선은 지질학자나 탐험가의 그것처럼 실재를 포착하려는 목적만이 있었고, 문화적 외양 속에 숨겨져 있는 일본 국가와 일본인의 근원을 파악하려 하였다. 일본과 중국 여행 이전 필냑의 소설은 '유럽'과 '아시아'를 상징하는 모티프들로 가득 차 있었다. 그의 대표작『헐벗은 해』(1920)는 러시아 혁명을 유럽의 힘과 아시아의 힘이 충돌하는 현상으로 묘사했고, 연이은 그의 소설『꽃며느리밥풀속』(1922), 『기계와 늑대』(1924)에서도 유럽과 아시아의 상징이 뒤섞인 러시아가 묘사된다. 하지만 1926년 일본 방문 이후 필냑은 더 이상 아시아를 표상화해서 상상하는 것을 그만둔다. 러시아의 문예이론가 바흐친은 타문화를 대하는 자세를 다음과 같이 정의했다. "어떤 문화는 오직 다른 문화의 시선에 의해서만 스스로를 온전하고 깊이 있게 드러낸다. 우리는 다른 문화에서 그 자신은 제기하지 못할 새로운 질문을 던지고, 그 다른 문화에서 우리가 던진 질문들에 대한 대답을 찾는다. 그러면 다른 문화는 우리 앞에 자신의 새로운 측면들과 의미적 깊이를 드러내면서 응답하는 것이다. 두 문화가 그렇게 대화적으로 마주하게 될 때, 두 문화는 합쳐지거나 뒤섞이지 않으면서, 각자가 자신의 통일성과 열린 총체성을 보존하는 동시에 서로 풍요로워질 수 있다." 자기 자신을 실천적으로 재인식하게 했던 필냑의 일본 인식과 문화를 통한 바흐친의 '대화적 이해'는 오늘날 동북아시아 국가들이 서로를 이해하는 첫 번째 원칙이 되어야 하지 않을까?

2부

한중관계 위기

최재덕
2022. 1. 28.

미중 패권 경쟁과
한국의
실용외교

우리는 코로나19 바이러스의 확산으로 많은 고통을 겪었지만, 교훈도 함께 얻었다. 기후 변화를 인류 생존의 문제로 자각하게 되었고 2030년에 도래할 줄 알았던 메타버스 세상도 앞당겨 경험하고 있다. 코로나 종식 이후에 우리는 과거의 일상으로 복귀하기는 어려울 것이다. 늘 그래왔듯이 위기 이후에 인류가 최적의 방법을 찾아 '뉴노멀'을 형성할 것이기 때문이다.

코로나 팬데믹으로 인해 국가들도 시험대에 올랐다. 위기에 대처하는 국가들의 다양한 정책을 통해 각 국가의 잠재적인 역량까지 알게 되었다. 한국은 경제적 봉쇄 없이 제한적이나마 일상을 지속했고, 효율적인 방역 시스템을 구축했으며, 세계적 경제위기에도 한국 기업들은 사상 최대의 수출 실적을 달성했다. 코로나 시대에 한국의 위상은 오히려 높아졌다.

포스트 코로나 시대의 국제정치 역시 대전환기를 맞을 것이다. 미중 패권 경쟁이라는 큰 틀은 변하지 않겠으나 미국과 중국의 전방위적인 경쟁은 더욱 치열해질 것이다. 코로나 상황에 빠르게 대처한 기업들은 오히려 성장의 기회를 맞은 것처럼, 한국은 변혁의 시기에 대비해 적극적인 실용외교 전략을 세워 국가 발전의 기회로 삼아야 한다.

2022년은 한중관계 30주년을 맞이하는 중요한 해이다. 지난 30년 동안 한중 교류는 급격하게 증가했지만, 국민 정서를 포함한 양국의 관계는 30년 전보다 더 나빠졌다.

양국은 높은 경제 협력은 물론 문화 산업 활성화로 사회적·문화적 인식의 차이를 좁히고 유대감을 형성하기 위한 노력을 지속해 왔다. 그러나 사드 사태를 비롯하여 사회·경제·안보·역사 등 다양한 분야에서 분출되었던 일련의 갈등과 분쟁이 양국의 이해와 협력으로 원만히 해결되기보다는 경제보복, 반중·반한 감정 고조 등의 부작용을 낳았다.

2022년에는 우리나라의 새 정부 출범과 중국 시진핑 주석의 3연임 여부가 결정되는 시기인 동시에 한중수교 30주년을 맞는다. 이제 한국과 중국은 양국 관계의 어려움을 딛고, 새로운 비전을 공유하며 공감대를 형성해야 한다.

핵심은 미중 패권 경쟁 장기화와 중국의 강대국화라는 도전적 전략 환경에서 '발전적 한중관계를 지속하기 위한 대안'을 마련하는 것이다.

한국은 대등한 한중관계를 지향점으로 삼아야 한다. 강대국 중국과 우리가 어떻게 대등한 관계를 형성할 수 있느냐는 반론을 제기할 수도 있겠으나, 한국이 국익 우선의 실용외교를 지향하고 미래 30년에 대한 양국 관계를 설정해야 한다면 그 지향점은 '대등한 한중관계'여야 한다.

현실을 자각하는 것과 미래 가치를 추구하는 것에는 분명한 차이가 있다. 한국이 스스로 대등한 한중관계를 지향하지 않는다면 중국은 한국을 더욱 쉽게 대할 것이다.

향후 발전적 한중관계의 바탕은 양국 사이에 존재하는 이념과 체제,

안보에 대한 전략적 관점의 차이를 인정하고 양국 간 갈등을 조정·관리하는 데 있다. 미중 경쟁이 심화할수록 동북아 안보의 구조적 제약 요인이 커질 것이기 때문이다.

한국은 중국의 대한반도 정책이 한국의 대북정책이나 안보 전략에 부합하지 않는 면이 있다는 것을 인정하고, 중국의 강대국화가 지속될 것이라는 가정하에 중국과 동북아 평화와 경제적 번영의 수혜를 함께 나누는 상호보완적 이익공동체로서 양국의 발전 방향을 모색해야 한다.

바이든 대통령은 출범 직후 미일 정상회담, 한미 정상회담, 미러 정상회담을 차례로 가졌다. 미중 경쟁에 있어 미국에 중요한 세 나라이기 때문이다. 일본과는 인도·태평양 전략 추진을 위해, 한국과는 중국에 경도되는 것을 방지하고 한미동맹 강화와 미국 중심의 첨단기술 글로벌 공급망 형성을 위해, 러시아와는 안보적 리스크 경감을 위해 대면 회담을 진행하고, 중국과는 화상으로 정상회담을 하면서 양국의 입장 차를 확인하는 데 그쳤다. 미국의 이런 아태지역 외교 전략은 한국에 실보다는 득이 많다고 생각한다.

한국은 미중 패권 경쟁 상황에서 오히려 미중 양국에 중요한 국가로 인식되면서 지정학적 위상이 높아지고 첨단기술 협력의 중요한 파트너로서 전략적 레버리지가 상승한 측면이 있다. 코로나 팬데믹 상황에서 한국이 사상 최대 수출을 달성한 것은 반도체 수출이 기여한 바가 크기 때문이다.

반도체는 미중 패권 경쟁의 핵심인 첨단기술 경쟁과 AI, 로봇, 자율주행, 메타버스로 대변되는 미래사회 구현에 꼭 필요하다. 중국의 WTO 가입 이후 중국산 공산품이 세계 시장을 장악했고 30년이 지난 지금, 여러 국가의 대중국 경제의존도가 높아졌다. 인류가 점점 더 첨단기술과 미래 사회를 지향할수록 반도체 기술을 보유하고 대량 생산이 가능한 국가의 위상이 높아질 수밖에 없다. 반도체에 의존하는 사회가 도래하기 때문이다.

미국과 중국의 반도체 협력 요구, 미국의 민주주의 동맹 강화, 환경과 보건 분야의 협력, 한중 경제 협력 확대 등 미국과 중국의 제안을 검토하고 가능한 분야에서 협력하여 한국의 외교적 공간을 확보해야 한다.

중국에 대해서는 사드 추가 배치, 대중국 봉쇄망 가담, 인도·태평양 전략 차원의 연합 훈련 참가 등 중국의 핵심이익 침해에 주의하고 미국에 대해서는 민주주의와 인권 등 보편적 가치에 대한 합의, 한반도 안보 수호, 한미동맹 강화 기조를 유지하면서 첨단기술 분야의 협력을 이어가야 한다.

한국이 앞장서서 대국인 미국과 중국에 대해 한국을 소국으로 설정한다면 향후 한국은 미중의 요구에 순응하는 소국이 될 것이고, 결국 모두가 우려하는 미중 선택의 딜레마에 빠져 희생양이 될 가능성이 크다. 중국도 한국의 안보는 한미동맹에 근간을 두고 있다는 것을 알고 있고 우리는 그 전제를 분명히 할 필요가 있다.

그러나 중국에게는 한국이 미국의 모든 요구에 무조건 응하는 미국 편은 아니라는 확신을 주어야 한다. 또한 미국에게는 민주주의 질서를 수호하는 국가로서, 경제·안보 협력 파트너로서 미국을 지지한다는 확신을 주어야 한다.

미국과 중국이 한국을 국익 우선의 실용외교를 지향하는 실리적인 국가로 인식할 때 한미·한중은 양국 발전을 위한 합리적인 제안과 협력을 이어갈 것이다.

한국은 작지만 강한 나라가 되어야 한다. 우리는 30년 후 우리의 다음 세대가 살아갈 동북아시아의 전략적 환경을 우호적으로 만들어야 할 책임이 있다. 한국은 포스트 코로나 시기의 미중 패권 경쟁 2막에 대비하여 국익 우선의 실용외교로 국가 발전의 기회를 만들어야 한다.

만리장성 동쪽 끝이 평양?
만리장성은 고무줄인가

만리장성의 동쪽 끝이 평양?

단둥(丹東)은 압록강을 사이에 두고 북한과 마주한 국경도시인지라 북한 관련 뉴스에 종종 등장한다. 이곳에서 고구려의 수도였던 지안(輯安)으로 가는 길, 단둥 시내에서 10여 킬로미터 떨어진 곳에 야트막한 산을 둘러싸고 있는 산성을 지나치게 된다. 호산산성(虎山山城)이다. 지금으로부터 20여 년 전 처음 이 산성을 찾은 적이 있다. 성문 옆에는 이 산성이 여진족을 막기 위해 명나라 때 세워졌다는 안내판이 있었다.

몇 년 전 다시 이곳을 찾았다. 안내판은 이전과 같은 장소에 있었다. 안내판의 문구는 이곳이 만리장성의 동쪽 끝이라고 바뀌어 있었다. '동북공정'을 반영한 것이다. 이런 터무니없는 날조도 모자랐던지 근래에는 만리장성의 시작점이 평양이라는 주장까지 내놓고 있다.

만리장성은 장성 이어 붙이기의 결과물

장성은 고대 중국의 여러 시기, 여러 나라에서 북방 유목민족의 침입을 막기 위해 건설한 대규모 군사시설의 통칭이다. 지금과는 달리 중국이 여러 제후국으로 나뉘어 있던 시기, 북쪽과 서쪽 변방에 위치한 제후국들은 이민족의 침입을 막기 위해 변경에 성을 쌓았다. 여러 제후국이 자국 국경을 따라 쌓은 성은 당연히 길이가 짧았다.

당시 중국의 가장 동북에 자리한 연(燕)나라는 동호(東胡), 곧 '동쪽 오랑캐'의 침입을 막기 위해 지금의 베이징 부근에서 시작하여 네이멍구(內蒙古)까지 이어지는 성을 쌓았다. 연나라의 장성은 동호 외에도 '조선(朝鮮)의 침입을 막기 위해서' 쌓았다는 기록이 보인다. 이는 당시 고조선이 연나라를 위협할 정도의 큰 세력을 가지고 있었음을 증명해 주는 것이다.

가장 북방에 자리한 조(趙)나라 역시 장성을 쌓았다. 북방의 강자인 유목민족 흉노(匈奴)를 막기 위해서였다. 네이멍구 빠오터우(包頭) 등지에는 지금도 조나라가 쌓은 성의 흔적이 남아 있다.

중국의 가장 서쪽에 자리한 진(秦)나라도 이민족의 잦은 침입으로 어려움을 겪었다. 서융(西戎)이라 불린 이민족의 침입을 막기 위해 현재의 깐수성(甘肅省) 린타오(臨洮)에서 시작하여 황허(黃河)까지 이르는 변경에 흙을 쌓아 성을 만들었다.

변방에 자리한 제후국들만 성을 쌓은 것은 아니었다. 나라 간의 전쟁이 빈번했던 전국 시기, 내지에 자리한 위(魏)나라는 강국으로 부상한 서쪽 진나라의 침입을 막기 위해 화산(華山) 북쪽에서 시작하여 황허에 이르기까지 국경선을 따라 성을 쌓았다.

진시황이 천하를 통일하기 전 쌓아 올린 이상의 성들과 관련된 역사 기록이나 현재 남아 있는 흔적들 어디에도 장성이 압록강까지 이어졌다는 주장을 뒷받침할 증거는 없다.

천하를 통일한 진시황(秦始皇)은 진나라, 조나라, 연나라의 장성을 하나로 연결하는 대대적인 토목사업을 벌였다. 그 결과물이 흔히 말하는 만리장성이다. 진시황대의 만리장성은 기존 장성들을 토대로 한 것인지라 위치도 당연히 현재의 만리장성과는 큰 차이가 있었다. 동쪽 끝 역시 압록강까지 이어지지는 않았다.

중국 국방사업의 중심은 동쪽에 있지 않았다

단명한 진나라를 대신하여 천하의 주인이 된 한나라에 가장 위협적인 존재는 여전히 북방의 흉노였다. 흉노가 부단히 사단을 일으키자 한 고조(高祖)는 무력 정벌을 꾀하였다. 강성한 흉노에 패하자 고조는 무력 정벌을 포기하고, 화친 정책을 펼쳐 종실의 처녀를 흉노 우두머리에게 시집보내고 일정액의 재물도 바쳤다.

무제(武帝)대에 이르러서야 비로소 흉노를 제압한 한나라는 북방 유목민족의 침략을 막기 위해 북방과 서북방의 방어공사를 적극 추진하였다. 황허의 서쪽을 따라 장성을 쌓고 다수의 군대를 주둔시켰다.

기원 전후 무렵, 한나라와 흉노의 관계가 다시 악화되었다. 후한(後漢)은 건국 초기부터 흉노를 방어하기 위해 보루를 중축하고 견고한 방어공사를 진행하여 장성의 방어체계를 강화하였다. 진시황대에 하나로 연결되었던 만리장성의 동쪽 끝까지 신경 쓸 여력은 없었다.

지금의 장성은 명나라의 유물

현재 남아 있는 장성 유적은 대부분 명나라가 건국된 뒤인 14세기 말부터 건설되었다. 길이가 1만 리에 달한다고 하여 만리장성이라 부르지만, 실제 길이는 2만 리에 달한다.

명나라에 의해 멸망한 원나라의 후예들은 몽골(蒙古)로 퇴각한 뒤에도 북원(北元) 정권을 세우고 지속적으로 명나라의 북변을 위협하였다. 명은 변경의 방어선을 강화하는 작업을 진행하였고, 방어선 구축공사는 200여 년 동안 계속되었다. 방위공사의 중심은 북부와 서북부에 두어졌다. 깐수성 자위관(嘉峪關)에서 시작된 명나라 장성은 허베이성(河北省) 친황다오시(秦皇島市) 동북쪽 산하이관(山海關)에서 바다에 막혀 더 이상 동쪽으로 연장되지 못하였다.

중국은 호산산성이 진시황대에 구축된 만리장성이 아닌, 명나라 때 새롭게 쌓은 만리장성의 동쪽 끝이라고 주장한다. 그러나 산해관 이동까지 장성을 확장했다는 기록도, 흔적도 찾을 수 없다. 호산산성을 명나라 때 쌓은 것은 분명하지만, 산해관에서 압록강까지 장성이 한 줄로 연결되어 있었던 것은 아니다. 절해고도처럼 만리장성의 끝에서 수천 리 떨어진 곳에 자리한 조그마한 성이 어떻게 만리장성의 동쪽 끝일 수 있겠는가.

아닌 것은 아닌 것이다

만리장성의 역사를 알고 있는 중국인들은 여전히 만리장성의 동쪽 끝은 산하이관이라고 말한다. 자국민까지 속여 가며 역사를 날조하고 있는 것은 극소수 연구자들이다. 역사적 사실을 완전히 무시하고, 상식을 벗어난 중국의 억지 주장에 굳이 민감하게 반응할 필요는 없어 보인다. 아무리 우겨도 사실이 아닌 것은 아닌 것이다.

최재덕
2022. 6. 10.

한반도,
안보 위기 닥쳐올 수 있어

　우크라이나 전쟁으로 국제질서가 대혼란기, 대격변기에 접어들었다. 세계화는 끝났다는 인식이 팽배한 가운데, 하나의 글로벌 공급망을 미중이 억지로 나누려는 시도에 세계 경제는 몸살을 앓고 있다. 화해와 공영을 추구하던 국제질서는 이념과 안보를 이유로 대치하는 쪽과 국익을 우선하여 중립적 위치에 머무는 국가들로 나뉘고 있다.

　미국의 대표적인 전략가 즈비그뉴 브레진스키(Zbigniew Brazinski)는 그의 저서 『거대한 체스판』(*The Grand Chessbord*, 1997)에서 소련의 해체를 조직화된 심장 지대가 사라진 것으로 보았다. 그는 소련 해체 이후 모스크바가 구소련의 영토를 회복하기 위한 시도를 멈추지 않을 것이며, 우크라이나 지역이 러시아와 서방의 충돌 요인이 될 것으로 예측했다.

　소련을 견제하기 위해 닉슨 전 미국 대통령의 방중(訪中) 길을 열었던 외교 전략가 헨리 키신저는 그때와 반대로 미국이 러시아와 손잡고 중국의 부상을 막아야 한다고 조언했다. 2016년 12월, 트럼프 당선인에게 러시아가 점령한 크림반도 양보를 통해 미국과 러시아 간 화해를 도모하고 국제질서 안정을 추구하라고 자문했다.

이 구상에는 러시아의 크림반도 병합 인정, 러시아 군대의 우크라이나 동부지방 철수와 반군 지원 중단, 서방의 러시아 제재 중단을 포함하고 있었으며 이는 중국을 견제하기 위한 전략이었다. 그러나 취임 후 러시아의 미 대선 개입 의혹이 제기되면서 이 제안은 시도되지 못했다.

바이든 대통령 취임 이후 미국의 지지 하에 우크라이나가 나토 가입을 본격적으로 추진하고 러시아가 미국에 제시한 안보 협상안이 받아들여지지 않자 러시아는 우크라이나를 침공했다.

우크라이나 전쟁은 중국과 러시아의 긴밀한 관계를 한층 더 강화시키는 계기가 되었고, 이는 미국의 대러 전략이 변하지 않는 한 지속될 것이다. 이러한 사태는 미국이 의도하지는 않았지만, 미국의 선택에 따른 결과로 중국을 중심으로 더 커진 반패권주의 연대와 대치하게 되었다.

러시아를 고립시키고 중국의 부상을 막으려는 미국의 전략이 강력한 중러 연대를 형성하게 하였다. 러시아와 중국은 에너지, 경제 발전, 군사 안보에서 탈달러화에 이르기까지 양국의 상호보완적이고 전략적인 협력 파트너 관계는 공고하다.

존 미어샤이머(John J. Mearsheimer) 시카고대 교수는 그의 저서 『강대국 국제정치의 비극』(The Tragedy of Great Power Politics)에서 "중국은 평화롭게 부상할 수 없다"라고 주장해 왔다. 그는 미국의 최대 적은 러시아가 아니라 중국이며, 중국을 억제하는 데 초점을 맞춰야 한다고 주장한다.

그는 러시아의 우크라이나 침공에 대한 근본적 책임이 나토의 동진으로 오랫동안 러시아를 자극한 미국과 서방에 있으며, 푸틴이 이에 대한 대응으로 우크라이나를 침공할 수 있다고 경고해 왔다. 그는 심각한 위협이 되는 국가는 러시아가 아니라 중국이며, 중국을 억제하기 위해서 러시아를 협력자로 두고 인도, 러시아, 미국이 협력하여 중국을 봉쇄해야 한다고 주장한다.

우크라이나 전쟁에서 미국, 러시아, 나토, 우크라이나 어느 쪽도 전쟁에 지는 것은 감당하기 어려운 일이다. 따라서 전쟁이 낮은 강도로 장기화될 가능성이 있으며 우크라이나의 중립국 선언으로 이 상황이 정리될 것으로 내다봤다.

중국은 오히려 우크라이나 전쟁을 계기로 전략적 이익을 취하고 있다. 우크라이나 전쟁에서 한발 물러나 평화의 중재자를 자처한 중국은 러시아와의 에너지 협력을 늘려 러시아의 대중 경제의존도를 높이고 에너지를 안정적으로 확보하는 계기로 삼았다.

또한 미국이 우크라이나 전쟁에 집중하는 사이에 지난 3월 말 중국 정부는 솔로몬 제도와 중국군을 파견할 수 있도록 하는 내용의 안보 협정안에 합의했으며, 항구·해저광케이블·조선소·해양 운송망 건설과 석유·가스 등 해양 광물자원 탐사가 포함된 '해양경제협력 양해각서(MOU)' 체결을 추진하고 있다.

미국의 인도·태평양전략이 제대로 기능하지 못하는 사이에 중국은 태평양 깊숙이 진출하여 미국의 강력한 우방인 호주 인근에서 미국과 호주가 안보 위협으로 상정한 해상활동들을 자유롭게 하게 되었다. 중국은 미국이 러시아와 유럽에 집중하는 사이 쌍순환 전략, 반도체 굴기, 시진핑 주석 3연임 등을 추진하면서 에너지를 결집할 시간을 벌었다.

중국은 미중 패권 경쟁 속에서 중국의 꿈을 이루어가기 위해 에너지를 공급해주고, 미국에 함께 대항할 러시아가 필요하다. 러시아는 안보적 완충지를 확보하고 구소련지역에서의 영향력을 공고히 하기 위해, 서방의 경제 제재를 무력화하기 위해 중국과 전략적 협력을 이어가야 한다.

양국은 미국의 간섭 없는 자국 중심의 세계 질서를 형성하고자 하며 유라시아 국가들이 지키는 유라시아 안보를 지향한다는 점에서 항미적 성격의 중러 연대를 확대·강화해 나갈 것이다.

국익을 우선하며 중립적 위치에 있는 국가들은 중국, 러시아와의 협력 가능성을 충분히 열어놓을 것이고, 이에 국제 사회에서 중국과 러시아의 완전 봉쇄나 고립은 실현되지 않을 것이다.

미국 경제학자 마이클 허드슨(Michael Hudson)은 "유라시아가 하나의 세력으로 단결하면 세계를 지배할 수 있다는 것은 지정학적 상식"이라고 언급하면서 '미국/유럽의 금융자본주의' 대 '중국/러시아의 산업자본주의'의 경제 전쟁이 시작됐으며, 식량, 에너지 등 핵심 자원의 자급자족 능력에서 중국/러시아가 훨씬 경쟁 우위에 있으므로 중국과 러시아 연대가 승리할 가능성이 높다고 언급했다.

미국의 세계 전략 변화가 수반되지 않는 한, 중러 연대의 강화는 상당 기간 지속될 것이다. 현재 중국과 러시아는 분리되기 어려운 한몸처럼 작동하고 있고, 양국의 리더십은 오랜 친분과 신뢰를 바탕으로 국제적 이슈뿐만 아니라 국내적 통치 체제에도 상당 부분 동일한 지향점을 추구하고 있으며, 미국과의 대결을 위해 상대국이 반드시 필요하다는 것을 상호 인식하고 있다.

조직화된 유라시아의 심장 지역이 다시 뛴다는 것은 한반도에 유리한 상황이 아니다. 약소국 우크라이나의 선택이 지금의 전쟁을 자초한 측면이 있다. 우크라이나는 우크라이나로 집중된 강대국의 힘을 분산시키려는 노력을 하지 않았다. 러시아와의 완전한 단절, 서방으로의 편입이 우크라이나 안보를 위한 최선의 선택이라고 착각했다.

한국은 강대국과의 적대적 관계 형성이나 협력 단절로 해당 국가의 부정적 영향력이 커지면, 그것이 안보를 위태롭게 하는 압력으로 작용한다는 사실을 인지해야 한다. 한국은 여러 강대국과 협력적 관계를 유지함으로써 강대국의 힘이 한반도에서 충돌하지 않도록 해야 한다.

한국은 미러의 대리전 양상으로 진행되는 우크라이나 전쟁과 강대국들의 대응 양상을 예의주시하면서 한반도에서 강대국의 힘이 충돌하지 않도록 지정학적 리스크를 분산하려는 노력을 기울여야 한다.

국제질서의 대격변기에 한반도가 중러 대 미일의 격전지가 되어서는 안 된다. 한국의 선택은 매우 중요하다. 한반도에도 어려움이 닥칠 수 있다. 지금의 변화를 직시하여 국익 우선의 실용외교와 자강의 길을 선택하고 첨단기술 강국, 외교 강국, 문화 강국의 길을 추구해야 할 것이다.

가까워질수록 멀어지는 중국

과제물에 나타난 젊은 세대의 중국 인식

학기를 마무리하면서 교과목의 성격에 맞는 보고서를 한 편씩 제출하도록 하였다. 담당하고 있는 중국사 관련 과목 수강생 30여 명이 제출한 보고서의 주제는 각양각색이었지만, 중국과 중국인에 대해 부정적인 내용을 담은 보고서가 예년에 비해 급격히 늘어난 것이 주목된다.

이전에도 동북공정 등 역사문제와 관련하여 비판적인 내용의 보고서가 없지는 않았다. 그런데 이번 학기 제출된 보고서는 제목부터 '중국은 왜 저러나?', '일대일로는 약탈행위', '중화제국주의의 부활' 등 상당히 자극적인 것들이었다.

한중수교 30년에 대한 엇갈린 평가

2022년 8월이면 한국과 중국이 정식 외교관계를 맺은 지 30년이 된다. 한중수교 30주년을 앞두고 이를 기념하는 학술행사가 종종 열리고 있다. 최근 몇 주 사이에 벌써 두 차례 학술대회에 참석할 기회가 있었다.

한국과 중국의 학자들은 물론이고, 발표자들은 정치와 외교면에서 지난 30년간 한중 두 나라가 선린 우호관계에서 시작하여 전략적 협력동반자 관계까지 층위를 격상시켜가며 단계적으로 관계를 심화·발전시켜 왔다는 데 의견을 같이하였다. 경제 교류에 있어서도 양적인 성장과 질적인 발전이 있었다는 긍정적인 평가가 주를 이루고 있음을 확인할 수 있었다.

그러나 문화교류와 상호인식이라는 측면에서는 한중 두 나라가 상호 탐색기, 교류 성숙기를 지나 이제 냉각기에 접어들었다는 우려 섞인 목소리가 대두되었다. 곧 지금의 한중관계에서 민간의 상호인식이 갈수록 대립화하고 있다는 점이 지적되었다. 그 원인과 배경은 여러 가지가 있겠지만, 역사 문제와 문화 귀속 논쟁이 핵심적인 요소로 작용하였다.

사실 역사 문제에 대한 중국의 '우월자적 인식'은 하루 이틀이 아닌 오랜 역사를 지닌다. 문화 귀속과 관련한 갈등도 역사적 사실을 제대로 인식하지 못하여 촉발된 경우가 적지 않다.

2천 년 전부터 시작된 중국의 역사 왜곡

한국과의 유구하고 긴밀한 역사 관계를 말할 때, 중국이 가장 먼저 증거로 들고나오는 것은 '기자조선(箕子朝鮮)'의 존재이다. 기자는 상나라 마지막 군주로 '주지육림'의 주인공인 주왕(紂王)의 숙부이다. 주나라가 들어서자 자신을 따르는 무리를 이끌고 한반도로 옮겨간 기자가 그곳에 기자조선을 세웠다는 것이 중국의 주장이다.

공자(孔子)도 기자가 실존 인물이라고 인정하기는 하였지만, 기자조선이 기록에 처음 등장한 것은 『상서대전(尙書大傳)』이다. 이 책은 진나라의 박사를 지내고 한나라 초기 활동했던 복생(伏生)이라는 사람이 지은 것으로 전해진다.

주나라 건국이 기원전 1046년이다. 다시 말해, 기자가 주나라를 떠난 지 어림잡아 천년 뒤에야 비로소 기자조선을 언급한 기록이 나타난 것이다. 중국인들은 어느 민족보다도 먼저 문자를 만들어 냈고 기록을 중시한다. 그럼에도 천 년 동안 아무런 관련 기록이 없다가 돌연 기자조선을 언급하였다. 복생 이후의 중국인, 심지어 중국사상 최고의 사가(史家)로 꼽히는 사마천(司馬遷)마저도 아무런 비판 없이 기자조선설을 그대로 채용하였다.

기자조선 혹은 기자동래설(箕子東來說)은 역사적 사실과는 거리가 먼 것이다. 그럼에도 중국인들은 기자를 '미개한 조선'이 문화적으로 성장하고 발전하는 과정에서의 '은인'으로 설정하고 이를 사실로 간주하였고, 지금도 그러하다. 기자조선의 실체를 인정하는 역사 왜곡이 이미 2천 년 전부터 시작되었다.

과거 한국인에게 중국과 중국인이란?

기자조선의 존재가 터무니없는 역사 왜곡의 산물이라 할지라도, 땅을 맞대고 있는 지리적 요인으로 인해 한중 두 나라가 지난 수천 년간 긴밀한 관계에 있었음은 어느 누구도 부인할 수는 없을 것이다. 그 긴밀함은 왕조 간의 정치 관계, 유식자 간 문화적 관계에 집중되었다.

달리 말하자면, 한중 간 교류와 교섭의 역사가 수천 년에 이른다 해도, 과거 한반도에 살았던 사람들 대부분은 평생 중국의 존재를 몰랐을 수도 있다. 하물며 일반 백성이 중국인과 접촉한다는 것은 거의 불가능한 일이었을 것이다.

존재를 잘 알지 못하고 교류가 전혀 없는 상태에서 일반 백성들은 중국과 중국인에 대해 좋든 싫든 아무런 감정도 가질 수 없었다. 단지 몽고군의 고려 침공, 조선시대 두 차례 호란(胡亂) 등 변고가 발생하였을 때만 '침략자' 중국의 존재에 대해 공포심과 적개심을 가졌을 뿐이다.

중국(인)에 대한 반감 형성의 시작점은 조선 말기

일반 백성들에게 중국과 중국인의 존재가 피부로 와 닿게 된 것은 19세기 80년대부터였다. 1882년 임오군란을 진압하기 위해 청나라 군대 수천 명이 조선에 파견되었다. 이때를 시작점으로 중국은 그간 허울에 불과했던 종주권을 강화하기 위해 여러 가지 방안들을 강구하고 조선의 군사, 외교 등 내정에 간섭하였다.

중국인의 본격적인 한반도 진출의 근거가 되는 조청상민수륙무역장정(朝淸商民水陸貿易章程)이 체결된 것도 바로 이 무렵이다. 한반도에 살고 있던 일반 백성들이 중국인과 접촉하기 시작한 것은 무역장정이 체결된 뒤부터였다.

중국인과의 접촉이 빈번해지고 확대될수록, 서로를 알아갈수록 두 나라 백성들 간의 갈등과 충돌이 증폭되고 다변화되었다. 현재 대만의 중앙연구원 근대사연구소에는 당시 한성(漢城)에 주재하던 청나라 관서에서 생산된 여러 공문서들을 모아둔 주조선사관당(駐朝鮮使館檔)이 소장되어 있다.

이들 문건의 상당수는 중국인과 조선인 사이에 벌어진 소송사건과 관련한 것이다. 폭력, 사기, 방화, 살인 등등 안건이 빈번해지면서 중국(인)에 대한 조선인의 반감이 증폭되었다. 한국에서 민간인에 의한 반중(국인) 감정이 구체적으로 표현되기 시작한 것이다.

교류와 접촉이 확대될수록 확산되는 반중 감정

30년 전 국교 수립 후 한동안 한중 두 나라 국민들이 서로에게 기대와 호감을 가졌던 때가 없지 않았다. 그러나 시간이 지나 교류가 빈번해지고, 확대되면서 서로에게 느끼는 감정의 변화가 감지되기 시작하였다. 인터넷과 사회관계망서비스의 발전으로 상대의 본질을 좀 더 잘 알게 되면서 오히려 상대에 대한 불신과 반감, 나아가 혐오의 감정까지 생겨나고 있다.

조선시대 말기 중국인의 본격적인 한반도 진출과 궤를 같이하여 배태된 한국인의 반중(국인) 정서는 실생활에서의 접촉과 경험에서 연유한 것이었다. 최근에 젊은 세대를 중심으로 번지고 있는 반중, 혐중은 본인들의 직접 체험이나 경험의 결과라기보다는 정서와 관습의 차이 등에서 연유한 문화 갈등적 성격이 강하다.

혹자는 요즘 젊은이들이 중국과 중국인에 대해 가지고 있는 부정적인 인식을 완화시키기 위해 중국의 역사를 제대로 가르쳐야 한다고 강조한다. 문제는 중국을 알수록, 중국인과의 접촉이 확대될수록 반감이 증폭되어 왔다는 것이다. 그렇다고 중국, 중국인과 단절할 수도 없는 노릇이다.

지금으로서는 갈수록 악화되어 가고 있는 두 나라 국민 간의 감정을 해소시킬 만한 마땅한 방안이 없어 보인다.

김현주
2022. 7. 8.

나토의 2022년
신전략개념과 중국

2022년 6월 27일 윤석열 대통령은 나토 3박 5일 일정을 위해 스페인 마드리드를 향해 떠났다. 그 후 언론에서는 연일 김건희 여사의 패션을 칭찬하는 기사를 쏟아냈지만, 사실 우리가 주목해야 하는 것은 윤석열 대통령이 한국을 대표하여 북대서양조약기구(NATO) 정상회의에 참석했다는 사실이다. 한국은 NATO 가입국이 아니고, 협력 파트너일 뿐이다. 게다가 유럽에 속한 국가가 아닌 동아시아의 한국이 NATO 정상회의에 참석했다는 것은 상당한 의미가 있다. 물론 NATO는 한국 이외에도 일본, 호주, 뉴질랜드를 초청했다. 이들 국가는 모두 아시아·태평양지역의 미국의 동맹국이라는 공통점을 갖고 있다.

이렇게 미국과 이해를 같이 하는 국가들이 한자리에 모여 6월 29일 스페인 마드리드 정상회담에서 NATO의 2022년 전략개념을 채택했다. 일명 "2022년 전략 독트린"은 앞으로 10년간 나토의 전략을 규정한 것이다.

NATO의 2022년 전략개념

"NATO 2022년 전략개념" 서문은 NATO 동맹국 정상이 모여 안보, 세계평화, 안정을 위해 한자리에 모였다고 밝히고, 그런 목적을 위해 새로운 전략개념을 부여하고자 한다는 말로 시작된다.

NATO 2022년 전략개념에서 밝히고 있는 목적과 원칙은 5가지이다. 요약하자면, 다음과 같다. 첫째, 나토는 동맹국의 자유와 안보를 보호하고자 하는 방어 동맹이다. 둘째, 개인의 자유, 인권, 민주주의, 법의 지배라는 공동의 가치로 묶인 연대이며, UN헌장과 북서대양조약의 목적과 원칙을 견지한다. 셋째, 북대서양조약 5조에 따라 개별적 또는 집단적 안보와 관련된 모든 문제에 있어서 서로를 방어할 것이다. 넷째, NATO는 억제와 방어, 위기 예방과 관리, 그리고 협력적 안보라는 세 가지 핵심 임무를 계속해서 수행할 것이다. 다섯째, 개별적 또는 집단적 회복력과 기술적 우위를 강화할 것이며, 좋은 거버넌스, 기후 변화, 인간 안보, 여성, 평화, 안보 의제를 모든 과제와 통합시킬 것이다.

이와 같은 전략개념을 설정하게 된 배경으로 러시아, 권위주의, 테러리즘, 아프리카와 중동의 갈등과 불안정, 초국가적 인도주의적 도전, 중국, 사이버공간과 기술 안보, 무기 경쟁, 기후변화 등 다양한 요인들이 거론되었다. 이것이 앞으로 NATO가 지양해야 하는 대상들인 셈이다.

그중에서 주목할 만한 대상은 러시아와 중국이다. 특히 러시아는 동맹국의 안보와 유럽과 대서양 지역의 평화 안정을 해치는 "가장 중요하고 직접적인 위협"이라고 규정되었다. 우크라이나 전쟁에 대한 책임을 고려한다면, 그것은 예상된 일이다. 중국에 대해서는 그런 직접적인 표현을 쓰지는 않았지만, 중국에 대해서는 "야망과 강압적인 정책은 우리[NATO]의 이해, 안보, 가치에 도전한다"라고 밝히고 있다. 러시아가 현재의 "직접적인 위협"이라면, 중국은 미래의 "잠재적인 위협"이라고 한 셈이다.

중국이 위협적인 존재로 인식된 이유는 핵심 기술과 산업 부문, 주요 인프라, 전략적 물자, 공급 사슬을 통제하고 있기 때문이다. 즉 그들 분야에서 중국이 경제적 힘을 이용하여 세계적으로 전략적 의존성과 중국의 영향력을 강화하고 있다는 점이 위협적이라는 말이다. 중국의 공세는 물리적 공간, 사이버 공간, 해상 공간 모두에 집중되고 있으며, 그 공세가 "악의적(malign)"이라고 판단한 것이다. 이에 따라 NATO는 핵심 과제를 구체화했다. 국가는 물론 비정부 행위자들에 의한 정치, 경제, 에너지, 정보, 그리고 그 밖의 하이브리드 전술에 있어서의 모든 위협을 예방, 억제, 방어하기 위해서이다.

NATO의 신전략이 중국에 대해 갖는 의미

NATO는 중국의 도전을 "체제적 도전(systemic challenge)"이라고 규정하고, 그것이 유럽과 대서양의 안보는 물론이고, NATO 동맹국들의 방어와 안보에 대해서도 위협이 된다고 표명했다. 그리고 중국에 대항하여 지키고자 하는 것이 "공유된 가치, 규범에 기초한 국제질서"라고 밝혔다.

이에 대해 중국 외교부 대변인 자오리젠은 29일 기자회견을 열어 NATO가 이데올로기로 편을 가르고, 정치적 대립을 조장하며, "신냉전"을 일으키려 한다고 비난하였으며, 그것을 그만두어야 한다고 강조했다. 또한 미국을 비롯해 NATO가 제시한 신전략개념이야말로 냉전적 사유, 제로섬게임이라고 말하며, 그것이 오히려 유럽, 아시아, 나아가 세계적 혼란을 야기한다고 비판했다. NATO가 "신전략개념"을 발표한 것은 이번이 처음이 아니다. NATO는 1991년 이후 계속해서 "신전략개념"을 발표해왔는데, 그때마다 주적을 달리 지정해왔다. 그런데 이제 그 주적이 중국 자신이 된 것이다. 이것은 중국에게 냉전의 악몽을 되살리고 있다. 미중 간에 무역 갈등이 심화된 이후, 줄곧 중국은 신냉전을 초래해서는 안 된다고 경고해왔다. 그런데 이번 NATO의 신전략개념은 중국에게 신냉전의 신호탄으로 여겨지고 있는 셈이다.

선전포고와도 같은 NATO의 신전략에 대해 중국이 할 수 있는 대응은 무엇일까? 중국은 NATO의 2022년 신전략개념에서 인도·태평양 지역이 NATO에게 있어서 중요한 의미가 있다는 선언에 주목한다. 그것은 인도·태평양 지역에서 NATO의 영향력과 범위를 확대할 것이라는 의미이기 때문이다. 그런 이유로 한국, 일본, 호주, 뉴질랜드를 참여시킨 것이라는 분석이다.

중국은 이번 NATO 정상회의가 열리기 오래전부터 이미 미국의 인도·태평양전략을 "인도·태평양 버전의 NATO"라고 보았다. 그리고 미국의 의도가 세계를 두 진영으로 나누어 미국의 패권적 지위를 수호하려는 것이 아닌가 의심했다. 그러므로 중국은 인도·태평양전략이 중국을 겨냥한 것이라고 분노했었는데, 이번 NATO의 신전략개념도 마찬가지라고 본 것이다. 과거 2015년 시진핑 주석이 미국의 시애틀에서 "투키디데스의 함정"을 언급한 적이 있는데, 그 말이 현실화된 것이다. 시진핑 주석은 "대국 간에 전략적 오판이 발생한다면, 스스로가 스스로에게 '투키디데스의 함정'을 만들 수 있다"라며, "세 사람이 모여 없는 호랑이를 만들거나, 이웃이 도끼를 훔쳤다고 의심하는 등, 색안경을 끼고 상대를 보지 말아야 한다"라고 강조했다. 하지만 시진핑 주석의 이 발언은 아마 오늘을 예상한 발언이었다고 할 수 있다.

미국과 중국 사이에서의 한국

한국은 두 강대국인 미국과 중국 사이에서 선택을 강요당해왔다. 지금까지 많은 이들은 둘 중 하나를 선택하기보다는 자주노선을 선택하는 것이 현명하다고 보았다. 한국에게는 중국과 일본 사이에서 줄다리기를 했다 실패한 역사적 경험이 있기 때문이다. 그래서 그 어느 때보다 지금 한국의 선택은 중요하다. 그리고 한국의 역할이 더 중요하다. 미국과 중국의 관계가 악화되고 있는 지금, 그로 인해 한반도의 긴장과 불안정도 증가하고 있기 때문이다.

"안보는 미국, 경제는 중국"에 의존했던 이중적 상황에 빠져 있는 한국에게 바이든 대통령은 5월 방한했을 당시 경제 안보를 강조하면서 경제와 안보가 서로 연계되어 있다는 점을 가지고 한국을 밀어붙였다. 결국 한국과 미국은 "글로벌 포괄적 전략동맹"에 합의했다.

이것은 확실히 한국이 미국과 중국 사이에서 미국 쪽으로 기울어졌다는 것을 보여준다. 이에 대해 중국은 한미관계가 단계적으로 더 발전했다고 보는 동시에, 한국 외교정책의 방향성이 크게 변화했다고 해석한다. 미국은 한국에게 미국이 주도하는 "인도·태평양경제프레임워크(IPEF)"에 가입할 것을 권하고 있는데, 한국 또한 가입에 적극적이라는 점은 중국에게 좋지 않은 것이 분명하다. 중국은 IPEF의 목적이 바로 중국을 겨냥한 것이라고 보는데, 한국의 가입은 곧 한국이 과거와 달리 안보뿐만 아니라 경제도 미국에 의존하는 방법을 선택한 것으로 볼 수 있기 때문이다. 한국의 정치적 선택에 대해 중국이 관여할 수는 없지만, 적의 편에 섰다는 점에서 기분이 좋을 리 만무하다. 한국은 과연 현명한 전략적 판단을 내리고 있는가? 한반도의 명운이 달린 만큼 조금 더 신중한 자세를 통한 전략적 선택이 요구된다.

최재덕
2022. 8. 12.

가치 외교와 국익 우선 실용외교의
양립 방안 모색할 때

우크라이나 전쟁에 이어 대만해협 긴장 고조로 유라시아 대륙에 안보 불안이 가중되고 있다. 유라시아 대륙의 서쪽에서는 미국과 러시아가 우크라이나에서 충돌했고, 동쪽에서는 미국과 중국이 패권 경쟁을 벌이고 있다.

유라시아 대륙의 양쪽 끝에 위치한 지정학적 위험 지역은 2차 세계대전 이후 유라시아 대륙에 대한 미국의 전략과 냉전 종식 이후 구축했던 자유주의 국제질서의 산물이다. 러시아의 팽창을 억제하기 위한 나토의 동진과 민주화될 중국을 기대하며 적극적으로 국제질서에 편입시킨 중국의 패권 도전은 유라시아의 동쪽과 서쪽에 지정학적 위험 지역을 형성했다.

대만해협, 동중국해, 남중국해와 함께 유라시아 동쪽 지정학적 위험 지역에 속하는 한국은 민주 진영과 공산 진영의 최첨점이고, 미·중·일·러의 힘의 균형점이며, 미일 동맹과 중러 연대 사이에서 안보와 경제를 위해 한미동맹을 강화하고 호혜적인 한중관계를 유지해야 하는 어려움에 직면해 있다. 특히 대만해협에서의 군사적 긴장은 한중관계에 어려움을 가중시킨다.

이번 대만해협의 군사적 긴장에 트리거로 작용한 낸시 펠로시 하원의장의 대만 방문의 숨은 의도는 무엇일까? 표면적으로는 미국이 외교적 부담을 감수하고서라도 대만의 민주주의를 지지하는 모습을 민주주의 동맹국들에게 보여주려는 상징적 의미가 있다.

그러나 그 이면에는 공격적인 중국의 모습을 세계에 보여줌으로써 민주주의 동맹국들이 중국의 위협에 공동 대응해야 한다는 경각심을 갖게 하려는 의도가 크다. 미국의 이러한 의도는 나토의 새로운 전략개념과도 일맥상통한다.

우크라이나 전쟁을 계기로 나토는 2012년 이후 10년 만에 '2022 전략개념'을 새로 채택하면서, 중국을 나토의 이익·안보·가치에 대해 도전하며 우주·사이버·해양에서 국제질서를 전복시키려는 국가로 규정했다.

또한, 새 전략개념에 "인도·태평양의 역내 상황 전개는 유로·태평양 안보에 직접적인 영향을 미칠 수 있다"는 점에서 나토에 매우 중요하다고도 명시했는데, 이는 나토를 매개로 인도·태평양 전략과 대서양 동맹을 강하게 결속시키려는 미국의 전략으로 보인다.

이와 함께 대만해협의 긴장을 고조시켜 중국 해군의 태평양 진출을 저지하고, 돌파구를 찾지 못하는 우크라이나 전쟁의 시선을 중국의 무력 대응으로 인한 동아시아의 안보 불안으로 돌리려는 미국의 의도도 있다.

중국은 펠로시 하원의장의 대만 방문에 대해 강도 높은 군사적 대응으로 응수하면서, 시진핑 주석의 3연임을 앞두고 중국의 힘을 과시함으로써 대만 통일의 결의를 다지는 계기로 삼으려고 한다. 일부 중국 매체에서 중국 해군이 대만을 포위하고 사상 최대 규모의 무력시위를 한 것을 두고 '대만 무력 통일 리허설'이라고 칭하기도 했다.

이번 사태로 중국의 대만 침공이 임박했다고 볼 순 없지만, 중국이 대만에 대해 공세적인 압박 수위를 강화하는 계기가 된 것은 분명하다. 중국은 '하나의 중국 원칙'을 침해하는 것에 타협 없이 무력으로 대응한다는 강한 경고를 보낸 것이다. 또 중국은 대만이 중국 영토의 일부이므로 중국은 대만을 통제할 수 있고, 무력으로 제압할 능력이 있다는 것을 대만인들을 포함한 전 세계에 과시했다.

대만해협의 군사적 긴장 및 미중 갈등 고조는 한중관계를 어렵게 만든다. 우크라이나 전쟁과 미중 패권 경쟁은 한반도의 지정학적 위험을 높이고, 안보 불안을 가중시키는 요인으로 작용하고 있다.

한국은 이에 대응하기 위해 한미동맹을 강화하고 민주주의 국가들과 연대하며 기술 안보와 경제 안보의 측면에서 미국과 협력을 추구해야 한다. 그러나 미국과의 협력을 확대하되 중국의 핵심이익을 절대 침해해서는 안 된다. 한국은 지정학적 특수성을 고려하여 중국과 우호적인 관계를 유지하고 발전시켜나가야 한다.

대만 문제는 시기에 따라 강도가 달라지겠지만 앞으로도 지속될 문제이다. 대만 문제가 한중관계의 걸림돌이 되지 않도록 해야 한다. 한국이 대만 문제에 연루된다면 한중관계는 사드 사태 때보다 더 큰 어려움에 직면하게 될 것이기 때문이다.

'세계는 하나'라고 외치던 시기가 무색하리만큼 강대국들 사이에 적대적 관계가 형성되고 있다. 식량, 에너지, 반도체부터 수자원까지 국가 안보와 직결되면서 경제와 기술 분야까지 안보의 개념이 확장되고 있다.

우크라이나 전쟁과 미중 패권 경쟁이 촉발한 이념적 대결과 에너지·식량 안보 위기, 글로벌 공급망 교란과 지정학적 리스크의 상승은 국제질서의 불확실성을 높이고, 강대국 사이에서 외교적 선택을 해야 하는 중간 국들에게 어느 편에 설 것인지에 대한 선택을 강요한다.

한국은 이번 대만해협의 긴장을 계기로 가치 외교와 국익 우선 실용 외교를 어떻게 양립해 나갈지 깊이 고민해야 한다. 한미동맹 강화와 가치 외교 추구는 한국의 국익과 안보를 위한 것이어야 한다.

한미동맹 강화가 중국의 핵심이익 침해로 이어져 한국의 안보가 위태 로워져서는 안 된다. 20년 동안 지속되었던 나토의 동진과 우크라이나의 무리한 나토 가입 시도는 결국 전쟁으로 귀결됐다. 펠로시 하원의장의 대 만 방문이 남긴 경제적·안보적 위기는 대만의 몫이다.

주한미군의 사드 배치에 대한 중국의 경제보복은 한국이 감내해야 하 는 것이었고, 지금도 한중관계의 걸림돌로 작용하고 있다. 한국의 외교적 선택이 어느 때보다 중요하다. 한국은 강대국들의 전략 이면에 있는 숨은 의도를 파악하고, 한국 외교의 명확한 목적성과 방향성을 가져야 할 것이다.

신금미
2022. 8. 26.

윤석열 정부 이후 변화된 대 중국 기조,
한중관계 어디로

2022년 한국과 중국이 수교를 맺은 지 30주년이 됐다. 중국의 정식 명칭은 중화인민공화국으로 1949년 공산당에 의해 건설됐고, 중국이 형제의 나라인 북한을 도와 한국전쟁에 참전하면서 두 나라는 함께 할 수 없는 적대국이었다.

그러나 양국은 서로의 이익을 위해 1992년 8월 24일 수교를 맺었다. 이는 양국이 참혹한 전쟁의 적대국에서 함께 하는 동반자가 된다는 것으로 양국 간의 교류를 새롭게 한다는 측면에서 매우 중요한 역사적 사건이라고 할 수 있다.

한중 수교 30년을 돌아보면, 양국은 경제, 문화, 사회 등 방면에서 교류했다. 특히 경제협력을 중심으로 관계가 급속히 발전했다.

당시 한국의 높은 인건비와 높은 환경 규제로 압박을 받던 한국의 많은 기업들이 인건비가 저렴하고 환경 규제가 심하지 않은 중국으로 이전했고, 한국의 자본과 기술이 필요했던 중국은 한국 기업 유치를 위해 노력했다. 한국 기업의 투자로 중국 경제는 성장했고, 성장하는 중국 경제의 영향을 받아 한국 경제 역시 성장했다. 이렇게 수교는 양국 경제에 긍정적으로 작용했다.

한국, 수교 30년 동안 무역 흑자 기록

수교는 우리나라 무역에 막대한 영향을 미쳤다. 우리는 수교 전 줄곧 무역수지 적자를 기록하다 1986년부터 1989년까지 4년 동안 3저(저 달러, 저 유가, 저 국제금리) 호황에 힘입어 잠시 무역수지 흑자를 기록했다. 3저 호황은 우리가 다시 만날 수 없는 기회였고, 무역수지는 다시 적자로 돌아섰다.

하지만 우리에게는 한중 수교라는 새로운 기회가 왔다. 1998년 대중국 무역수지 흑자가 증가하고 대일본 적자가 감소하면서 전체 무역수지 흑자를 기록했다.

아래 도표는 한국의 대외무역 수지와 대미국, 대일본, 대중국과의 무역수지를 나타낸다. 우리나라는 중국과 수교를 맺은 첫해인 1992년을 제외하고 1993년부터 2021년까지 중국과의 무역에서 흑자를 기록했다. 2008년 미국발 글로벌 금융위기 여파로 무역수지 적자를 기록했음에도 대중국 무역수지는 흑자를 달성했다.

심지어 일본과의 무역에 있어 줄곧 적자를 기록하더라도, 중국과의 거래가 일본과의 만성 적자를 메꿔주는 효자 역할을 톡톡히 할 정도로 수교는 우리 경제에 큰 호재로 작용을 했다.

그러나 중국과의 교역이 언제까지 호재로 작용할지는 알 수 없다. 2022년 상반기 대중국 수출입 규모가 감소한 것을 보면 호재가 끝난 듯한 분위기다. 하지만 이는 세계 경제 불황과 중국 내 제로 코로나 정책 고수

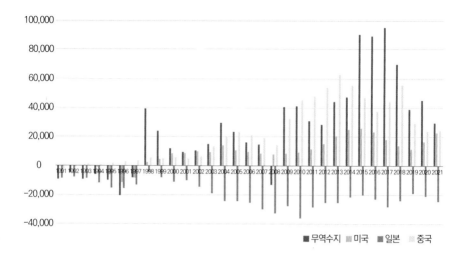

한국의 대외무역 수지 및 대미국, 대일본, 대중국과의 무역수지 ©한국무역협회 무역통계

등이 영향을 미친 것인지, 중국 내 기술력 향상에 따라 우리나라 제품에서 자국산으로 대체 한 것의 영향인지 확실치 않아 좀 더 지켜볼 필요가 있다.

확실한 것은 30년간 대중국 무역에서 흑자를 기록한 우리 경제는 중국에 대한 의존도가 매우 높아 리스크 역시 크다는 것이다.

우리나라는 중국의 내수시장을 노린 소비재보다 중간재를 더 많이 수출하고 있는 실정이다. 중국의 대외 수출이 증가하면 우리의 대중국 수출이 증가하고, 중국의 대외 수출이 감소하면 우리의 대중국 수출이 감소한다. 이렇게 수출 동조화 현상이 지속되고 있는 만큼 우리 경제는 중국 경제에 쉽게 영향을 받을 수밖에 없다.

더욱이 수출 동조화 현상은 우리의 기술이 중국보다 뛰어날 때 유지될 수 있다. 중국 정부가 자국의 기술력 향상을 위해 전투적으로 지원하고, 그에 힘입어 중국의 기술력이 날로 향상하는 만큼 우리도 기술력 향상을 위해 적극적인 지원과 함께 중국발 리스크에 유연하게 대처할 수 있는 구체적인 방안을 마련해야 한다.

수교 30년, 새로운 한중 관계 정립이 필요

10년이면 강산도 변한다는 속담이 있듯이 30년간 한중 관계도 변화를 겪었다. 한때 한중관계를 '수어지교(水魚之交)'라는 사자성어로 빗대어 표현하기도 했다. 수어지교란 물과 고기의 사귐이란 뜻으로 고기가 물을 떠나 살 수 없듯이 한국과 중국은 서로 떠나 살 수 없을 정도로 중요한 관계라는 점에서 한중관계를 수어지교에 빗대었다. 수교 당시만 해도 양국은 필요에 의해 서로의 존재가 절실했기에 한중관계를 수어지교에 빗대었을 것이다.

하지만 시간이 흘러 중국 경제가 성장하고, 중국인의 소득 수준이 높아지면서 전 세계 다국적 기업이 중국의 내수시장을 노리고, 세계의 공장에서 세계의 소비시장으로 변모한 중국의 경제가 세계 경제에 끼치는 영향력이 높아졌다. 즉 양국의 필요가 아닌 일방의 필요가 되면서 한중관계에서 더 이상 수어지교라는 표현은 사라졌다. 여기에 2016년 주한 미군의 사드 배치 결정으로 한국과 중국의 관계가 파국을 맞게 되면서 수어지교는 역사가 되어 버렸다.

수교 이후 30년간 한국과 중국 사이에는 크고 작은 사건들이 있었고, 사드 배치 결정으로 중국이 한국에게 경제제재를 가하며 우리 경제가 다소 타격을 받기도 했다. 하지만 경제 협력에 있어 양국은 윈-윈했고 앞으로도 서로의 장점을 살려 충분히 윈-윈할 수 있다.

그러기 위해서는 미국의 중국 견제, 계속되는 코로나19, 러시아와 우크라이나 간 전쟁 등 외부 불확실성이 가중되고 있는 상황에 수교 30주년을 맞아 더 나은 미래를 위해 새로운 한중관계의 정립이 절실하다.

위의 도표를 보면, 2008년 미국발 글로벌 금융위기로 우리는 무역수지 적자를 기록했다. 미국의 서브프라임 대출 사태로 시작된 금융위기가 우리와 직접적인 관련이 있는 것은 아니지만, 미국과 유럽의 경제가 침체되면서 대외의존도가 높은 우리 경제 역시 심각한 타격을 받은 것이다. 중국에 대한 의존도가 높은 우리 경제는 중국이 흔들리면 무너질 수밖에 없다.

현 정부는 '안보는 미국, 경제는 중국'이라는 기조에서 '안보는 미국, 경제는 세계'로 전환했다고 한다. 중국 의존도가 높은 상황에서 중국 리스크를 줄이기 위해 필요한 기조일 수 있으나, 중국이 우리 경제에 중요한 역할을 하는 만큼 중국도 중시하면서 세계도 중시하는 방향으로 나아가야 한다. 새로운 한중관계 정립을 통해 우리의 이익을 사수하면서 한중 관계가 다방면에서 한층 더 두터워질 수 있기를 기대한다.

한국의 '반민특위'와
중국의 '한지엔(漢奸) 재판'

같은 경험, 다른 기억– 8.15의 기억

1945년 8월 15일, 일왕 히로히토는 라디오를 통해 제국 일본의 패망을 공식적으로 선포하였다. 한국인들에게 이날은 영원히 기억하고 기념해야 할 날이다. 독립운동가 민세 안재홍은 바로 이날부터 새로운 국가건설을 위한 작업에 돌입하였다. 8월 15일 늦은 오후에 안재홍은 휘문중학교 교정에 모인 수많은 민중들 앞에서 해방 민족이 나아갈 앞날을 제시하는 열띤 연설을 강행하였다. 이때 중학생이었던 송건호는 "영양실조와 고생으로 윤기 없이 까맣게 타버린 걸인 같은 모습의 안재홍의 얼굴은, 일제의 총검 치하에서 온갖 유혹과 협박을 물리치고 끝내 민족의 양심을 지킨 민족지도자의 있는 그대로의 모습"이라고 기억했다. 민세와 같은 민족지도자들의 열정에도 불구하고 국제정세는 호락호락하지 않았다. 한국인들은 광복 이후에도 3년간 미군정 하에서 생활하였다. 제2차 세계대전이 종식되고 승전국들과 패전국의 실태는 명확해졌다. 하지만 대한민국은 패전국이 아님에도 불구하고 허리가 두 동강이 났다. 그리고 5년 뒤 민족적 비극인 한국전쟁이 발발하였으며, 남과 북은 광복된 지 77년이 되도록 대결 상태를 벗어나지 못하고 있는 실정이다. 패전국 일본 역시 6년 반 동안 연합군최고사령부의 통치를 받았다. 중국은 국공 내전이 발발하면서 대륙의 주도권을 공산당이 장악하였고, 국민정부는 타이완으로 이전하였다. 제2차 세계대전의 영향은 동북아의 판도를 흔들어 놓았던 것이다.

반민특위법을 만드는 자와 반대하는 자

민군정이 종식되고 1948년 8월 15일 대한민국 정식 정부가 수립되었다. 반민법은 1948년 9월 7일 가결되어 우여곡절 끝에 9월 22일 이승만 대통령에 의해 공포되었다. 당시 신문이나 일반 사회단체, 청년단체는 성명서를 내고 친일파 처단을 통한 민족정기 회복을 요구하고 있었다. 그런데 반민법 제정논의가 본격화되었던 8월 26일, 국회의원의 숙소와 시내 각처에는 '행동대원' 명의로 「삐라」가 뿌려졌다. 그 내용은 공산주의자는 반민족 세력이고, 반공 세력은 민족 세력이라는 점을 강조한 것이었다. 반공이데올로기를 이용해 친일파 숙청 문제를 이념대립으로 바꾸려는 의도였다. 오늘날의 시각으로 보면 국회에서 삐라가 뿌려지고 국회의원들 사이에 고성이 오고 간 것이다. 삐라를 살포했던 자들은 체포되었지만 며칠 뒤 석방되었다.

현행범을 석방한 내무부 장관은 윤치영이었으며, 1948년 9월 23일 서울운동장에서 개최한 '반공국민대회'도 내무부가 주관하는 등 내무부는 반민법 제정을 반대했던 핵심기구였다. 윤치영은 1941년 임전대책협의회에 참여하는 등 친일 경력의 소유자였다. 반공국민대회는 실질적으로 대회 당일 곳곳에 "국회에서 통과한 반민법은 반장이나 통장까지 잡아 놓을 수 있도록 되어 있어 온 국민을 그물로 옭아매는 망민법(網民法)"이라는 삐라를 뿌렸다. 이 대회에서 이승만 대통령의 축사가 낭독되었고, 이범석 국무총리가 직접 참석하였으며, 반민 피의자 이종영과 상공부 장관 임영신 등이 참여했다. 한술 더 떠 윤치영은 "이 대회는 해방 이후 처음 보는 애국적 대회"라고 찬양하기도 했다. 반민특위의 활동이 순조롭지 못할 것을 예단할 수 있는 행사였다.

반민법 폐지 활동

반민법 폐지는 1949년 2월 2일 이승만 대통령이 친일파 문제에 대한 담화를 발표하면서 대국민적 명분을 쌓으려고 했다. 반민특위의 행위가 3권 분립에 위배된다는 것이 형식적 이유였지만, 반민특위에서 특별재판부와 특경대를 폐지해 실질적으로는 반민특위를 무력화시키겠다는 것이 목적이었다. 민의의 대표기관이었던 국회가 통과시킨 법에 대해, 국무회의에서 수정안을 제출하였던 것이다. 수정안의 주요 골자는 "악질적인 민족정기 훼손 자 이외의 조선총독부 공무원 대부분을 재등용해야 한다"라는 것이었고, 이승만 대통령은 2월 15일 반민법 개정안을 발표하였다. 다음날 국회의원 김상돈과 노일환은 이승만 대통령의 담화에 대하여 독선과 독재의 표본이라고 지적하였다. 대법원장 김병로 역시 반민법은 헌법에 부합되며 반민특위 활동은 정당하다고 평가하였다. 반민특위 특별위원장 김상돈의 수정안 반대의견, 백범 김구의 반대의견 등이 개진되었지만 이승만 대통령의 반민법 수정은 강령한 의지로 마침내 1949년 10월 4일 통과되었다. 그 과정에서 국회 프락치사건, 반민특위 습격사건, 백범 암살 등 비정상적인 국가에서 벌어질 수 있는 일들이 발생하였다.

그뿐만 아니라 반민법을 적극 옹호하는 국회의원과 대법원장을 암살하려는 계획이 실행 직전에 미수에 그친 경우도 있었다. 노덕술이 서울시경 최난수와 홍택의, 박경림 등과 협의하여 테러리스트 백민태를 고용했고, 신익희 국회의장, 김병로 대법원장, 김상돈 특위 위원장 등을 포함하여 수많은 반민법 옹호자들을 제거하려고 했던 것이다. 실행자금 30만 원 가운데 친일파였던 화신백화점 사장 박흥식이 수표로 10만 원을 제공하였다. 민족정기를 말살하려고 했던 제국 일본에게 적극 부역했던 자들이 반격을 가했던 것이다. 불행 중 다행스럽게도 이 계획은 백인태가 평소 존경하던 김준연 의원에게 이 사실을 알려 미수에 그치고 말았다. 하지만 반민특위 활동은 정상적으로 펼칠 수가 없었다. 한국전쟁 와중이었던 1951년 2월 14일 반민족행위재판기관임시 조직법은 폐지되었다. 반민법에 따라 공소 중인 사건은 모두 공소가 취소되었고 이 법에 의한 판결 역시 효력이 상실되었으며, 친일파 청소 문제는 역사 속으로 사라졌다.

중국의 '한지엔(漢奸)' 그리고 '한지엔 재판'

제2차 세계대전 이후 중국 역시 반민족, 반국가 행위자에 대한 숙청 문제에 직면하였다. 한지엔(漢奸)은 이러한 행위자의 비칭(卑稱)이다. 이민족의 침략을 당했을 때 사적 이익을 위해 공동체의 안위를 부정한 인물들이 바로 한국에서는 '친일파', 중국에서는 '한지엔'이다. '한지엔'이란 용어는 고대부터 사용되었다. 이른바 변강의 이민족에게 한족의 이익을 팔아넘긴 반역자를 의미했다. 19세기 말부터는 '한족'의 범위를 넘어섰다. 신해혁명 후 중화민국이 건립되면서 현대적 의미의 한지엔 개념이 형성되기 시작하였으며, 민족 반역자에 매국이라는 의미가 가해져 '한간매국적'으로 변화하였다. 항일전쟁 시기 한지엔이라는 개념은 일제 침략자와 결탁하여 나라를 팔아먹고 민족에 해를 끼친 반역자에 대한 지칭이었고, 점차 사회적 관용어가 되었다. 근현대 이후 중국에서 다민족의 융합이 강화되면서 한족이라는 개념은 '중화민족'으로 바뀌었으며, 충군 사상도 국가의 주권과 영토를 보호하고 외래 침략을 반대하면서 중화민족의 부흥을 도모하는 애국주의 사상으로 바뀌었다. 따라서 중국에서는 14년의 항일전쟁 기간에 제국주의 일본 침략자들과 결탁하여 중화민족의 이익을 팔아넘긴 반민족적 매국 집단을 습관적으로 한지엔으로 불렀다. 영화 '색계'에서 양차오웨이(梁朝偉)가 열연했던 역할이 바로 '한지엔'이었다.

중국에서의 한지엔 처벌에 관한 법률은 중일전쟁이 발발했던 1937년 8월 23일에 제정되었다. 그 이유는 중일전쟁 이후 제국주의 일본에 협력하는 친일 한지엔이 급속하게 증가했기 때문이다. 그해 12월 10일에는 한지엔 재산에 대한 몰수 조례도 제정되었다. 그리고 다음 해 8월 15일 '수정징치한간조례(修正懲治漢奸條例)'가 공포되었다. 수정 조례는 그야말로 '반민족행위자'에 대해서 엄격하였다. 적국과 통모하거나 반민족행위를 한 자는 사형 또는 무기징역에 처한다고 규정하였다. 종전 전에 한지엔 문제는 군법으로 다루었다. 전쟁 중에 일어났던 군사 간첩의 활동에 대응하기 위함이었다.

　중국은 종전 후 사회적으로 한지엔을 처벌해야 한다는 의견이 지배적이었다. 국민 정부는 종전 후 3개월 뒤인 11월이 지나고, 한지엔 처벌에 관한 구체적인 조례를 마련하였다. 한지엔 체포를 주도한 것은 따이리 (戴笠) 지도하의 군사위원회 조사 통계국(이하 군통국)이었다. 군통국은 장제스의 비준을 받아 전국 각지의 한지엔에 대한 체포 작전에 돌입하였다. 1945년까지 주요 한지엔은 검거되었다. 처벌 기준은 성장(省長)급에게 사형을 적용하였다. 자료마다 차이는 있지만, 1947년 말까지 처형된 민간인 한지엔 수는 15명이었다고 한다. 물론 2천여 명이 사형당했다는 기록도 있어 그 편차가 크기 때문에 정확한 숫자를 확정하기는 어렵다. 다만 1949년 국민 정부는 공산당에게 밀려 퇴각하고 있었기 때문에 한지엔 법이 적용된 지 불과 2년 만에 풀려난 자가 90%를 넘었다. 중국대륙은 공산당의 차지가 되었으며, '한지엔'에 대한 처리도 숙청에서 '교화'로 바뀌었다. 만주국의 황제 푸이(傅儀)가 무순전범관리소에서 10여 년을 복역한 후 '중생(重生)', 즉 다시 태어났다고 하는 주제의 드라마를 방영한 것도 결코 우연은 아닐 것이다. 그만큼 중국은 항일 영웅에 대한 무한존경과 지원을 보내고 있으며, 한지엔 문제는 역사 속의 문제가 아니라 현실의 문제로 처리했던 것이다.

　반면 영화 '암살'에서 주인공 이정재가 "독립이 될지 몰랐다고" 하면서 자신의 행위를 정당화한 후 풀려난 장면은 당시 우리 시대의 자화상이기도 했다. 반민특위가 와해된 후 대한민국은 무서운 속도로 경제성장을 이루었다. 그 속에서 '친일파' 청산은 동력을 잃었으며, 대한민국의 정체성은 심하게 훼손되었다. 친일파는 반공주의자로 변신하여 분단 시대를 고착화하는데 기여(?)했다. 첫 단추를 잘못 낀 대가는 너무도 컸다. 독립운동가들의 삶은 존경과 기념으로 표상되어야 하지만, 많은 정치인들은 독립운동가 기념 행사에 얼굴만 내미는 것으로 자신의 책무를 다한 것이라 여기고 있는 것 같다. 오늘날 대한민국은, "나라를 위해 기꺼이 순국하신 선열들에 기대어 산 자의 이익을 취하고 있는 모습이 아닌지" 냉철하게 스스로를 점검할 때다.

이신욱
2022. 9. 23.

중국,
한한령과 동북공정 철폐하고 미래로 나가야

한중 수교 30년, 한중관계의 열쇠는 중국에 있다

1990년대 냉전체제의 붕괴는 세계화 물결을 전 지구촌에 가져왔고, 이념으로 분단된 세계는 상호의존과 번영이라는 공동목표로 화합하는 계기가 되었다. 동서 분단을 야기했던 철의 장막은 베를린 장벽의 붕괴와 소련 해체로 무너졌고, 사회주의 중국은 지도자 등소평은 실용노선과 개혁 개방 정책을 채택하면서 사회주의 계획경제에서 자본주의 시장경제 체제로의 대전환을 이룩했다. 노태우 정부는 북방정책을 통해 대공산권 수교를 적극 추진했고 그 결과 1992년 8월 24일, 베이징 영빈관에서 한국 이상목 장관과 중국 첸지천 외교부장이 "한중 선린우호 협력관계"에 합의하면서 한국전쟁 이후 단절된 한중관계가 복원되었다.

한중 양국의 정치적 해빙과 더불어 양국관계는 나날이 발전하였고 1992년 62억 달러였던 교역량은 상호분업적 국제관계를 통해 2021년 약 3천억 달러에 이르는 비약적인 성장을 보이고 있다. 후진 농업국이었던 중국은 한국의 우수한 기술과 경제성장을 거울삼아 산업화에 성공했고 G2로 성장하여 미국과 경쟁을 벌이기에 이르렀다. 이러한 중국의 경제발전 배경에는 지도자 등소평의 선부론(先富論)과 흑묘백묘론(黑猫白猫)이라는 지도지침도 있었으나, 국제관계적으로는 한국의 역할을 부정할 수 없는 것이 사실이라 할 수 있다. 1990년 냉전붕괴 이후 중국 공산체제에 의심을 가진 서방 자본은 중국진출에 무척 소극적이었다. 정치적으로 사회주의, 경제적으로 공산주의 체제를 가진 중국이 어떻게 자본주의 경제를 받아들이느냐는 합리적인 의심이었다. 그러나 서해안 시대를 맞이한 한국의 적극적인 중국진출과 대중 경제협력은 이러한 우려를 불식시켰고, 중국은 2001년 세계무역기구(WTO)에 가입하여 경제도약의 기회를 얻었다.

경제적으로 동북아에서는 새로운 국제분업 관계가 형성되었는데, 중국의 주요 파트너 국가는 한국과 미국이었고 미·중 패권 경쟁을 벌이는 2022년 현재까지도 이 관계는 유효하다고 할 수 있다. 한국은 부품 생산, 중국은 부품 조립과 완제품 생산 그리고 미국은 소비를 각각 담당하면서 상호보완적 국제분업 관계는 매우 효율적인 국제무역 관계라는 것이 입증되었다. 한국은 반도체 생산의 60%를 홍콩과 중국에 수출하면서 한해 200억 달러라는 무역수지 흑자를 기록하기도 했다.

문화적으로도 수많은 영화, 드라마와 같은 한류 콘텐츠가 중국에 수출되어 한류 마니아층이 폭넓게 형성되었다. 2014년 7월, 시진핑 주석과 함께 방한한 영부인 펑리위안 여사가 드라마 '별에서 온 그대'를 언급한 것은 매우 유명한 일화로 한류가 중국의 모든 연령과 계층에서 막강한 파워를 가지고 있다는 것이 증명되었다. 수많은 중국 관광객들은 문화수도 서울과 대한민국의 발전상을 보면서 명동과 제주도를 찾았고, 부산과 인천의 지자체들은 차이나타운을 설립하는 등 중국과의 우호 관계는 한류의 확대에 따라 그 친밀도가 높아만 갔다. 이것은 마치 1000년 전 고려풍이 원나라 수도 베이징에 불었던 것과 흡사하다고 하겠다.

김구 선생이 염원한 문화강국 대한민국이 건설되는 데 이바지한 일등 공신은 중국의 한류 붐이었다고 할 수 있다. 다양한 문화 분야의 강력한 소비자로 등장한 중국은 오늘날 BTS와 같은 한국 가요, 오징어 게임과 같은 한국 영화 등 한류의 세계화에 이바지한 측면이 크다고 하겠다.

이렇게 밀월관계를 유지했던 한중관계는 2016년 7월, 한국에 사드(THAAD)가 확정되면서 큰 위기를 맞았다. 중국은 사드 배치를 문제 삼아 한한령(한류 금지령)을 내렸고, 수많은 중국 관광객들의 한국방문은 중단되었다. 사실 중국의 한한령은 크게 두 가지 측면에서 내려진 결정이라고 할 수 있다. 첫째, 한국의 사드 배치에 대한 보복이라는 것은 이미 잘 알려진 사실이다. 그러나 한국 입장에서 사드는 북핵에 대한 방어용 무기로 한국의 핵심이익이라고 할 수 있고, 그 원인을 찾는다면 중국의 한반도 정책의 결과물이라 하겠다.

중국은 지정학적으로 북한을 순망치한(脣亡齒寒) 관계로 생각하는 경향이 강하고, 민주주의의 물결을 막는 핵심 보루로 북한을 대해왔다. 북한 김정은 정부의 몰락은 중국으로서는 생각하기 힘든 시나리오로 북한의 몰락보다는 핵 보유의 내부적 용인을 택한 것으로 보인다. 한편 대한민국은 세계 10대 교역국이자 경제적 파트너 국가로 동북아에서 매우 중요한 위치를 차지하고 있고, 지정학적으로도 북한 못지않게 중요한 위치를 차지하는 국가로 중국 정부는 생각하고 있는 것으로 보인다. 따라서 중국에게 북한은 안보적으로, 한국은 경제적으로 중요한 파트너 국가이기 때문에 한중 수교 이후 지금까지 남북한 등거리 외교를 하는 것으로 보인다. 결과적으로 중국의 북핵에 대한 태도가 한국의 사드 배치를 가져왔다고도 할 수 있다.

둘째, 한국의 강력한 문화의 힘이 한한령을 가져왔다고 할 수 있다. 시진핑 시대 중국은 광전총국을 중심으로 정보, 문화, 영화, 예술, 종교 등을 통제하는 국가권력을 강화하는 시기로 나아가고 있다. 따라서 중국 정부에게 한류란 자유민주주의의 문화침략으로 받아들여지는 경향이 강하다고 할 수 있고, 시진핑 정부의 권위에 도전하는 행위로 받아들여지고 있다고 판단된다. 매력적인 한류는 한국에 대한 호감을 높여 주는 반면, 중국 현실과의 비교를 통해 정치적 불만의 원인이 된다는 중국 정부의 판단이 바로 한한령의 원인이라고 할 수 있다.

1960년대 소련은 비틀즈 음반 유입을 차단하는 데 실패했고, 비틀즈에 열광한 소련 젊은이들은 '비틀즈 세대'를 형성하여 고르바초프의 페레스트로이카에 적극 참여하여 소련 붕괴를 이끌어 낸 역사적 경험이 있다. 마찬가지로 한류와 BTS가 중국 젊은이들에게는 열광의 대상이지만, 중국 정부에게는 민주주의의 물결로 받아들여졌기 때문에 오늘날 한국의 문화는 한한령이 시행된 계기라 할 수 있으며, 지금까지도 한한령은 유지되고 있다.

지난 7월 미 펠로시 하원의장의 방한에 이어 지난 9월 16일, 중국 정부 서열 3위 리잔수 전국인민대표대회(한국 국회에 해당) 상무위원장이 김진표 국회의장의 초청으로 방한했다. 미중 패권경쟁 시대에 한국의 중요성이 매우 높아지고 있다는 점은 주목할 만한 사실이다. 먼저 방한한 바이든 대통령은 '칩4 동맹'을 통해 중국을 적극적으로 견제하기 시작했고 한국, 대만, 일본, 인도 등 중국 주변국들과 동맹관계를 형성하여 중국을 고립시키고 인도·태평양 전략을 통해 중국의 팽창을 억제하고 있다. 반면 중국은 일대일로 사업을 통해 미국의 봉쇄전략을 돌파하여 중국만의 물류, 세계화 전략을 구상하고 있어 G2 미국과 중국 모두에게 대한민국은 매우 중요한 위치에 있다고 할 수 있다. 현재 대한민국은 세계 10위의 경제 대국이며, 6위의 군사 대국으로 OECD 회원국이라는 세계적 위치에 도달한 선진국으로서 세계화 시대를 리더하는 중견국으로 발돋움하고 있다.

반면 다수의 외교·안보 전문가들이 예상하는 한미일 연합과 북중러 동맹이라는 신냉전 구도는 매우 우려스러운 현상이다. 미중 양대 초강대국을 사이에 둔 대한민국이 지정학적으로 매우 불리한 상황에 놓일 수 있다는 것도 사실이다. 그러나 지난 30년 한중 양국은 많은 어려움에도 불구하고 상호발전적 국제관계와 우정을 쌓아왔다는 점은 주지해야 할 사실이다. 따라서 중국 정부는 북한과 한국 사이를 오가는 등거리 외교를 할 것이 아니라, 평화와 번영의 한반도를 만들기 위해 적극 협조하는 한반도 정책을 세워야 할 것이다. 제2의 한국전쟁은 남북 당사자뿐만 아니라 종국에는 중국에게도 큰 불이익이 될 것이기 때문이다.

급난지붕(急難之朋)이란 고사성어는 『명심보감(明心寶鑑) 교우(交友)』편에 나오는 글로 '급하고 어려울 때 도와주는 친구'라는 사자성어로 우리에게 잘 알려져 있다. 지금까지 한국은 후진 농업국가였던 중국을 산업화로 이끌었고, 2008년 쓰촨성 대지진 때는 이명박 전 대통령이 방문하여 구호를 도왔고, 2013년 박근혜 전 대통령은 비록 적성국 군인이지만 한중 관계와 인도적 측면을 고려하여 한국전쟁 당시 전사한 중공군의 유해도 송환해 주었다. 한중 수교 30년을 맞은 현재 중국에게 최고의 친구는 단연 대한민국이라 할 수 있다.

지금이라도 중국 정부는 한반도 정책을 전면 수정해야 할 것을 권고하고 싶다. 좋은 친구 한국을 위해 북한을 평화로운 대화의 길로 나오도록 이끄는 글로벌리더십을 보여야 할 것이다. 또한 상호 신뢰 관계를 형성하기 위해 한한령과 동북공정과 같은 한국에 대한 압박정책을 철회해야 할 것이다. 21세기는 침략으로 얼룩진 제국주의 시대가 아니라 상호협력과 신뢰를 통해 발전하는 세계화 시대이다. 만약 중국이 지금의 사드 압박과 한한령 같은 압박정책을 철회하고 대국다운 리더십을 보인다면, 좋은 친구 한국은 동북아의 좋은 파트너 국가로 변모할 것이고 한반도는 평화와 번영의 시대로 전환될 것이다. 이를 통해 중국은 한 단계 더 발전하는 더없이 좋은 기회를 맞을 것이기 때문이다.

한중 수교 30년, 중국의 새로운 리더십을 기대한다. 좋은 친구 한국과 함께하기를 바란다.

미국과 중국 중에 하나 선택?
둘 다 취해야

미·중 반도체 경쟁에서 칼자루 쥔 한국

미국과 중국 간 힘겨루기가 다시 시작됐다. 지난 몇 년간 양국 사이에 진행된 관세전쟁은 마치 전야제였던 것으로 보인다. 바이든 미국 대통령이 2022년 5월 '인도·태평양 경제 프레임워크(Indo-Pacific Economic Framework, IPEF)'를 출범시키면서 양국 간 본 싸움의 서막을 알렸다. 또한 싸움의 실체도 '반도체'로 명확히 드러났다.

미국은 중국이 대비 태세를 갖출 시간도 주지 않겠다는 듯 반도체 핵심 국가인 한국, 일본, 타이완과 함께 '반도체 동맹(Chip 4)'을 결성하며 중국에 대한 압박 수위를 높이고 있다. 이어 최근에 반도체 지원법(CHIPs and Science Act of 2022)이 상원에서 일사천리로 통과되면서 중국은 그야말로 사면초가(四面楚歌)의 상황에 빠졌다.

미국의 고루한 힘자랑

미국의 완력이 얼마나 오래갈지, 또 얼마나 원하는 만큼의 효과를 낼

지는 의문이다. 하지만 국제정치적 힘을 이용해 자국의 이익을 관철하기 위한 미국의 일방주의적 행위는 아주 긴 역사가 있는 단골 힘자랑 중 하나이다. 그 결과도 가히 만족스럽긴 했다.

오늘날 중미 패권 싸움에 자주 소환되는 것이 1980년대 중국과 미국과의 관계이다. 미국의 무역수지 악화, 높은 인플레이션, 금리 인상, 러시아-우크라이나 전쟁, 중국의 성장 등이 당시 미국의 국내외 상황과 너무나도 닮아 있다. 더욱이 20세기에도, 21세기에도 그 핵심에는 반도체가 있었다.

일본은 1950년대부터 정부의 적극적 지원으로 반도체 산업을 빠르게 성장시켰다. 1980년대 미국의 경제 상황이 좋지 않은 틈을 타 뛰어난 기술력과 낮은 원가로 경쟁력을 갖춘 일본의 반도체에 미국의 반도체 기업들은 위협을 느꼈다.

결국, 미국은 1985년 일본과의 반도체 협정을 체결하여 승승장구하던 일본의 반도체 산업에 찬물을 끼얹었고, 그것도 모자라 10여 년 동안 남아 있는 불씨마저 꺼뜨린 저력이 있다. 1985년 반도체 협정이 오늘날 반도체 지원법이나 IPEF, Chip 4의 형태로 재탄생한 것이다.

1980년대 미-일 반도체 협정은 겉으로 보기에 국제적 '협약'의 형태이지만, 그 내용이 공정했다고 평가하기는 어렵다. 미국은 경제적 힘을 앞세워 자국의 이익을 관철했고, 평화롭고 자유로운 국제무역을 위해 각국이 합의한 국제 규칙은 무시되었다.

지금의 상황 역시 그때와 다르지 않다. 다만 다른 점이 있다면, 공격을 가할 대상에게 직접 공격의 원인 제거를 요청할 수 없는 상황이다. 따라서 동맹과의 협공 등 간접적 공격만 가능해 그 결과를 예단하기 쉽지 않다.

또한 오늘날의 반도체 산업은 국가 간, 산업 간 연결고리가 얽히고설켜 있다. 따라서 미국의 조치는 자국 기업은 물론 동맹국에도 일정 정도의 희생이 요구되기 때문에 극적인 결과를 만들어 내기가 힘들다.

이에 더해 일본처럼 중국이 손 놓고 있을 리 만무하다. 미국의 완력에서 벗어나 반도체 자립을 실현하기 위해 중국은 온갖 노력을 할 것이다. 자칫 잘못하면 수세에 몰린 중국의 극단적 선택으로 동아시아 지역에 안보 위험이 발생할 수도 있다. 그러므로 미국도 조치의 수위를 어느 정도 조절할 수밖에 없다.

한국은 결코 고래 싸움에 낀 새우가 아니다

미국이냐, 중국이냐. 중국과 미국의 대치 상황이 벌어지면 한국은 항상 선택을 강요당했다. 사실 누가 선택을 강요했는지는 불분명하다. 우리 스스로가 '선택을 강요당하고 있다'라는 강박에 빠진 것은 아닌지 돌이켜 봐야 한다.

그 어떤 국가도 우리에게 선택을 강요하지 않았고, 우리도 이분법적으로 미국 혹은 중국 둘 중 하나를 선택할 필요가 없다. 한국은 숙명적으로 둘 다 취해야 하고, 철저하게 국익에 근거하여 양국에 대한 선호 비율을 때에 따라 조정할 필요가 있다.

한국은 전 세계 메모리 반도체 시장의 70% 이상을 장악하고 있다. 이는 곧 한국이 만드는 메모리 반도체가 없으면 미국이 가진 첨단기술도, 중국의 시장도 빛을 발하기 어렵다는 것을 의미한다. 한국은 그야말로 엄청난 협상 카드를 가지고 있다.

우리가 가진 반도체 카드는 미국의 반도체 동맹에 함께하면서 일차적으로 사용되었다. 이 카드로 정확히 무엇을 미국 측으로부터 확보했는지는 확실치가 않다. IPEF나 Chip 4를 함께하기로 한 것으로 이 협상 카드를 소진해서는 안 된다.

미국에 대한 한국의 반도체 카드는 아직 살아 있고, 협상이 진행되는 동안 미국을 대상으로 우리의 반도체 산업, 반도체 기업에 유리한 조건을 계속 만들어 가야 한다.

이와 더불어 이제는 중국에 대해 반도체 카드를 어떻게 쓸 것인가에 대한 논의와 전략 구상이 필요하다. 지금 중국은 그 어느 때보다 한국의 도움이 필요한 상태이다. 한국도 전체 반도체 수출의 60%를 차지하는 중국의 반도체 시장을 섣불리 포기하기 쉽지 않은 것이 현실이다.

단순한 논리로 미국과 반도체 동맹을 맺었다고 해서, 그리고 미국 반도체 지원법에 따라 미국에 공장을 지으면 세제 혜택이나 지원금에 현혹되어 중국의 투자를 포기해서는 안 된다.

철저하게 어떤 것이 더 경제적·정치적 이익인지를 따져봐야 한다. 미국이 요청하는 기술협력에 동참하면서 중국 내 투자 확대 및 안정적 대중국 수출을 보장받아야 할 것이다.

힘의 역학 구도를 기회로 만들어야

1980년대 미국과 일본의 반도체 경쟁은 결과적으로 한국이 반도체 강국으로 성장하게 만든 기회였다. 우리는 이와 같은 기회를 다시 만들 수 있다. 반도체가 미래 산업을 이끌어갈 핵심이라는 사실에는 의심의 여지가 없다.

중국과 미국의 반도체 경쟁 속 혼란의 시기를 이용하여 우리는 반도체 산업의 경쟁력과 향후 발전을 위한 전략을 재정비할 필요가 있다.

메모리 반도체 산업이 그 위상을 유지할 수 있도록 지원하는 것은 물론이고, 반도체의 산업밸류가 고르게 발전할 수 있도록 재원과 제도가 마련되어야 할 것이다.

특히 인재의 확보는 미래 한국의 반도체 산업이 세계적 경쟁력을 갖출 수 있을지, 지속적 혁신이 가능한지와 직결된 문제이다. 기술혁신과 인재 양성이 지속적이고 정상적으로 진행될 수 있는 교육 및 연구 시스템을 확보해야 할 것이다.

〈사랑의 불시착〉처럼
우연히 다가선 한국과 중국
중국, '구동존이' 입각해 한중관계 실현해야

'구동존이(求同存異)'는 중국 외교에서 핵심 언어로 저우언라이(周恩來) 전 총리가 언급한 것으로 유명하다. 구동존이는 서경에 나오는 '구대동존 소이(求大同存小異)'를 줄인 말로 같은 점을 추구하고 다른 점을 묻어둔다는 뜻으로, 현대 중국 정부는 타국과의 정상 관계를 회복할 때 외교 용어로 사용하고 있다. 중국 외교사에서 구동존이에 대한 언급은 매우 중요하다. 1955년 '평화 5원칙'을 선언하며 인도와의 관계 정상화를 추진했고, 1979년 미국과의 수교 그리고 2015년 4월 평양에 부임한 신임 리진쥔(李進軍) 대사가 사용하면서 다시금 주목받았던 신조어다.

구동존이에 대한 유명한 일화는 2015년 당시 북한에서였다. 김영남 최고인민회의 상임위원장을 만난 자리에서 신임 중국대사 리진쥔은 구동 존이를 언급하면서 북·중 관계는 기존 혈맹관계(항미원조 관계)에서 정상국 가 관계로의 대전환을 예고했다. 연이은 핵실험으로 국제적 고립에 빠졌던 북한을 '북·중 관계의 정상국가화'라는 카드를 통해 개혁개방으로 이끌려고 시도했던 중국 정부는 한국에 대해서 적극적인 정치·경제적 동맹 정책을 강화했다. 대표적으로 2015년 9월 전승절 사열식에 박근혜 당시 대통령을 초대한 것을 시작으로, 12월 한중 FTA를 통해 경제동맹을 강화하는 등 2016년 7월, 사드 보복이 있기까지 중국 외교는 친한적인 모습을 보였다.

한중관계 대전환은 크게 세 차례 있었다고 할 수 있다. 첫 번째는 한국전쟁에 중공군이 참전하면서 형성된 상호적대적 관계였다. 타이완과 내전을 종결하는 것보다 지정학적으로 중요한 북한을 구출하는 것이 중국에게는 더욱더 중요한 과제였다. 그러나 한국민의 결연한 국가수호 의지와 강력한 미군과 UN군의 참전으로 대한민국은 국가를 지켜낼 수 있었고 한반도 분단이 시작되었다. 결과적으로 중국은 북한과는 항미원조 관계로 혈맹관계를 구축했지만, 자유 대한민국과는 오랜 적대관계가 형성되는 순간이었고 자유 진영의 제재를 받은 중국은 경제적 몰락과 빈곤, 대기근이라는 참혹한 결과를 맞이할 수밖에 없었다.

두 번째 대전환은 드라마 '사랑의 불시착'처럼 찾아온 한중관계라고 할 수 있다. 1983년 5월 5일, 어린이날을 맞이한 한국은 여느 때처럼 평온했고 거리거리마다 아이들의 손을 잡고 나들이 나온 사람들로 붐비는 즐거운 봄날이었다. 즐거운 봄나들이를 깬 것은 느닷없이 들려온 사이렌 소리였고, 사람들 사이에 전쟁이 났다는 소문이 퍼지면서 불안감이 고조되었다. 곧이어 전해진 뉴스는 춘천 미군 비행장에 중국 민항기가 불시착했다는 방송이 있었다. 이른바 중국 민항기 불시착 사건이다. 장소는 춘천 '캠프 페이지'라는 뉴스가 전면을 장식했고, 중국 선양발 민항기가 상하이로 향하던 중 공중 납치됐다는 소식이었다. 적성국 중공의 민항기 승객 100명이 북한 상공을 넘어 대한민국 춘천에 착륙한 것이다. 그런데 매우 이례적인 것은 중국 정부의 행동이었다. 납치 사흘 만에 중국 측은 민용항공국장 등 33인의 관리를 서울에 파견했고, 한국 측은 공로명 외교부 차관보를 중심으로 대표단을 꾸려 협상을 시작했다. 당시 여객기 이용자들은 공산당 고위층들이 주축이었고, 이들이 대만으로 인도되는 것을 막기 위한 중국 정부의 신속한 행동으로 보였다. 이들을 대만에 인도하리라는 일반적인 예상과는 달리 한국 정부는 중국 민항기 승객들을 극진히 환대했고, 여의도와 자연농원을 관람하며 한국의 발전상을 직접 접하게 되었다. 이들의 예상치 못한 한국 방문은 중국 정부와 중국민의 한국에 대한 인식을 전환시켰다. 양국 정부는 '대한민국'과 '중화인민공화국'이라는 정식국호를 사용하기로 합의함으로써 한국 외교의 대전환인 북방외교가 시작된 사건이라고 할 수 있다.

갑작스럽게 찾아온 손님을 환대한 한국은 결과적으로 1986년 아세안 게임과 1988년 서울올림픽 중국 선수단 정식참가라는 선물을 받았고, 이 사건으로 노태우 정부의 북방정책을 완성하는 큰 파트너로서 중국이라는 협력자를 얻었다고 할 수 있다. 냉전을 걷어낸 한중관계의 시작은 소련 등 동구 공산권 수교의 발판이 되었고, 1992년 한중 수교를 끌어내면서 한반도 평화에 크게 이바지했음은 숨길 수 없는 사실이다.

세 번째 대전환은 현재진행형이라고 할 수 있다. 2014년 7월, 시진핑 주석의 서울 방문을 시작으로 2015년 4월, 북·중 관계 정상국가화 시도, 9월 박근혜 대통령의 방중, 12월 한중 FTA 체결로 한중관계는 밀월여행과 같은 동반자 관계로 발전하는 듯했다. 하지만 2016년 7월 한국의 사드(THAAD) 배치에 대한 중국의 반발은 '3불(不)·1한(限)'을 요구하면서 구체화하였고, 한중관계는 급속한 냉각기로 접어들었다. 중국 정부가 주장하는 '3불(不)·1한(限)'이란 미국의 대미 사일 방어체계인 MD 체계의 불허,

사드의 추가배치 금지, 한미일 군사동맹의 불가와 더불어 이미 배치된 사드 포대 운용을 제한하는 중국의 일방적 요구이며, 북핵 위협에 직면한 한국의 안보적 대외환경을 무시한 채 지극히 자국 중심적인 대미정책이었다. 이러한 중국의 요구는 6차에 이르는 북한 핵실험의 직간접적 관여국인 중국으로서 책임 있는 태도가 아니라는 국제적 비판의 여론에 직면해 있다.

주목할 점은 그동안 중국이 대한반도 외교에서 한국과는 경제협력, 북한과는 지정학적 안보라는 이익 추구를 위해 '등거리 외교'를 시행했다는 것이다. 또한 한반도 비핵화의 당사자로서 중국이 대북 외교활동에 소극적이었다는 평가도 존재하는 것이 사실이다. 앞으로 다가오는 북미, 북일 수교와 남북관계 재정립 등이 예측되는 한반도 변화에 기민하게 대응하기 위해 중국이 지금의 '등거리 외교'와 같은 남북 간 줄타기식 한반도 정책을 시행한다면, 이것이 큰 기회의 상실로 다가올 것은 명확한 사실이다.

2022년 국제정세는 러시아의 우크라이나 침공으로 신냉전이 시작되었다. 그런데 시진핑 3기의 시작이라는 국제정치의 변동기를 맞은 시진핑 정부는 여전히 한국의 사드 배치를 '국가 핵심이익'과 결부시키는 실책을 범하고 있는 것으로 보인다. 중국 정부는 환구시보 사설에서 윤석열 정부의 친미 외교정책을 견제하며 (중국의) 중대 이익과 관심사가 걸린 민감한 문제에서 어떠한 변경이나 양보도 하지 않을 것을 대내외에 천명하고 있어 매우 우려스럽다.

중국 정부는 샅바 싸움, 제로섬 게임 같은 미·중 패권 전쟁에서 벗어나 대국 외교를 실현하라고 감히 충고하고 싶다. 차라리 한국의 사드 배치를 북핵 방어용으로 인정하고 경제·사회·문화 등 여러 방면에서 국제협조 관계를 유지·발전시킨다면 북핵으로부터 위협받는 동북아뿐만 아니라 아시아와 세계의 리더로서의 위치를 선점할 것이라 조언하고 싶다. 한국과 북한과의 관계를 안보와 경제 관계로 양분하지 말고, '구동존이'를 다시 한번 살려 중국의 대한반도 외교를 정상화한다면 신냉전이라는 덫에서 벗어나 진정한 국제 리더로서의 중국을 세계가 받아들일 것이기 때문이다.

지난달 G20 정상회담을 계기로 열린 한중정상회담을 기점으로 6년 만에 한한령이 해제되는 조짐을 보이고 있다. 중국 OTT(중국 동영상 서비스)에서 한국 드라마가 방영되기 시작했다는 뉴스가 전해지고, 곧이어 열릴 예정인 한중 외교 장관 화상 회담을 통해 한중관계가 다시금 냉전에서 화해로 나아가고 있다.

제3기에 들어선 한중관계는 신냉전과 북핵 그리고 타이완 문제라는 위험들이 곳곳에 도사리고 있다. 그럼에도 중국이 역내 주요 국가로서 책임과 의무를 실행하는 동시에 한국을 진정한 파트너로 인정하고 존중하며 협조를 구하는 정상국가 관계를 구축한다면, '구동존이'를 통해 건전한 한중관계가 실현될 수 있다고 생각한다.

특히 남북 간 정상관계(구동존이)를 구축하기 위해 특별히 노력해 주기를 권고한다. 그것이 21세기 리더국가로서 중국이 자국의 발전과 함께 동양 평화에 이바지하는 소양을 다하는 것이기 때문이다.

3부

중국 내 위기 – 경제, 정치

윤성혜
2022. 1. 7.

중국, 미국을 상대로
디지털 패권 장악할 수 있을까

CPTPP 국가들이 중국을 내칠 수만은 없는 이유

2021년 중국은 미국과의 통상분쟁에서 소강상태로 접어들면서 겉으로 보기에는 다소 무난히 보낸 것처럼 보인다. 하지만 내적으로는 다소 요동치는 한해였다. 여러 뉴스가 있지만, 그중에서도 인터넷 플랫폼 기업에 대한 규제의 칼날은 다소 의외라 생각할 수 있다.

중국의 소위 '빅테크(정보기술을 이용하는 대형 기업) 기업'은 세계 시장에서 한창 주가를 올리며 빠르게 성장하고 있는데, 이 시점에서 국가가 제동을 건 것이다. 또한 이들 기업은 중국 정부가 주창하고 있는 '디지털 중국' 건설의 핵심 요소이기도 하다.

빅테크 기업 규제는 세계 디지털 패권 장악을 위한 기초 다지기

빅테크 기업에 대한 규제로 그간 그들이 누려왔던 '무소불위'의 좋은 시절도 막을 내렸다. 이러한 규제정책은 여러 가지 이유가 있다. 첫 번째는 그동안 정부의 지원 아래 양적으로 방만한 성장을 하던 기업들이 질적으로 내실을 다질 수 있도록 하기 위함이다.

중국의 빅테크 기업은 향후 중국 경제의 중추로서 세계시장에서 미국 기업들과 경쟁하며 살아남아야 하는 과제에 직면해 있다. 더욱이 화웨이(Huawei, 华为) 사례에서도 보았듯, 단순히 시장에서 살아남는 문제가 아니라 미국 정부의 정책적 공세도 뚫을 정도로 버텨야 하므로 쇄신이 필요하다.

다른 이유는 디지털 안보와 관련된 것이다. 중국은 세계 디지털 패권 전장(战场)에서 줄곧 '사이버 주권주의(cyber sovereignty)'를 내세우며 사이버 보안에 대한 보수적 시각을 드러낸 바 있다.

2022년 한 해 동안 중국은 유례없이 빠른 속도로 관련된 법률·법규를 제정하며, 사이버 주권주의를 구체적 법률 형태로 실현했다. 구체적으로 2017년 6월 1일 발효된 '사이버보안법(中华人民共和国网络安全法)'의 이행을 위한 세칙들이라 할 수 있다.

2022년 9월 1일 실시된 '핵심정보기반시설안전보호조례(关键信息基础设施安全保护条例)', '데이터보안법(中华人民共和国数据安全法)', 그리고 11월 1일 실시된 '개인정보보호법(中华人民共和国个人信息保护法)' 등에서 개인정보를 포함한 중요 및 핵심 데이터의 경외 반출을 원칙적으로 금지하고 있다.

2021년 6월 중국 최대 차량호출 서비스 업체 디디추싱(滴滴出行)은 미국 상장을 앞두고 정부 규제로 결국 상장이 폐지됐다. 이는 중국의 핵심 데이터를 다량으로 보유하고 있는 업체의 미국 상장으로 관련 데이터가 미국으로 유출되는 것을 우려한 조치라 볼 수 있다.

사이버보안, 특히 데이터보안의 문제는 디지털 패권 싸움에서 중국과 미국이 첨예하게 대립각을 세우는 부분이다. 이 때문에 본격적인 출전에 앞서 집안 단속에 들어간 것으로 볼 수 있다.

중국, CPTPP 가입으로 디지털 패권 주도권 장악 시도하나

사실 디지털 패권은 세계 디지털 질서, 즉 규범화를 누가 장악하느냐에 달려있다고 해도 과언이 아니다. 과거 세계무역기구(WTO) 체제 확립을 주도한 미국은 세계 무역을 장악했고, 이를 바탕으로 패권을 유지할 수 있었다.

세계 무역 질서가 디지털이라는 패러다임으로 전환되는 이 시점이 중국에는 절호의 기회가 아닐 수 없다. 그런데도 그동안 중국이 대외적 질서 구축을 위해 노력했다기에는 크게 눈에 띄는 실적이 없다.

반면, 미국은 중국에 비해 적극적으로 질서를 구축해 나가고 있다. 미국은 '환태평양경제동반자협정(TPP)'을 통해 디지털 무역의 국제 규범화의 기틀을 마련했다. TPP는 미국이 탈퇴하면서 '포괄적·점진적 환태평양경제동반자협정(CPTPP)'으로 명칭이 바뀌었다.

하지만, '데이터의 자유로운 이동'이라는 미국이 디지털 무역에서 추구하는 바가 그대로 반영되어 있다. 이후 체결되었던 양자 및 다자 간의 디지털 협정에서 TPP의 디지털 규범은 표준의 역할을 하고 있다.

미국이 참여하고 있는 미국-멕시코-캐나다 협정(USMCA), 미-일 디지털 통상협정(DTA)뿐만 아니라, 싱가포르-뉴질랜드-칠레 디지털 경제동반자협정(DEPA), 싱가포르-호주 디지털 경제협정(DEA) 등도 TPP의 관련 규정을 근간으로 한다.

최근 중국이 CPTPP 가입 신청서를 제출하면서 새로운 반향을 일으키고 있다. 전문가 대부분이 중국의 CPTPP 가입에 부정적이다. 기본적으로 CPTPP가 추구하는 데이터 자유화 자체가 중국의 국내 법규에 대치된다.

또 중국은 현재 CPTPP의 여러 회원국과 정치·외교적 사이도 원만하지 못하다. CPTPP는 회원의 만장일치가 있어야 가입이 가능한데 과연 이들이 동의할지도 의문이다.

그런데도 중국의 가입 가능성을 완전히 배제할 수는 없다. 중국은 데이터의 해외 이전을 법률상 금지하고 있지만, 그 대상이 '핵심' 및 '주요' 데이터이다. 또한 이들이 유출될 경우, 국가의 안전을 위협한다는 '명목'을 가지고 있다. 이 점은 CPTPP에서 데이터 자유의 제한을 허용하고 있는 "정당한 공공정책의 목적 달성(legitimate public policy objective)"에 부합할 가능성이 있는 것이다.

기타 쟁점이 되는 노동권 보장, 환경, 국유기업 관련 규정 또한 맞추려고 한다면 절대로 불가능한 것은 아닐 것이다. 회원국들의 반대 문제 또한 극복할 수 없는 문제는 아니라고 본다. 2001년 중국은 WTO에 극적으로 가입했다. 그것도 미국의 도움으로 말이다. 그런 일이 또 일어나지 말라는 법은 없다.

중국 표준이 곧 세계 표준

중국이 호기롭게 CPTPP에 가입신청서를 내는 등 국제사회에서 목소리를 낼 수 있는 것은 디지털 핵심 기술 표준이라는 믿는 구석이 있기 때문일 것으로 본다. 독일의 특허정보 분석업체에 따르면, 전 세계 5G 유효 특허 부문의 점유율 1위는 화웨이이다. 세계 경제의 디지털화가 가속될수록 중국의 5G 핵심 기술의 전 세계 확산도 빨라질 것이다.

새로운 경쟁 구도가 만들어지지 않는 한 중국의 기술 표준이 세계 표준으로 발전될 가능성이 높다. 상황이 이러한데 중국이 굳이 국가 간 이해관계로 협상이 지지부진한 다자 협정에 목맬 필요가 있었을까 싶다.

중국이 그간 매년 '전국 표준화 업무 요점(全国标准化工作要点)'을 발표하고 IoT, 클라우드, 빅데이터, 5G, 인공지능 등 차세대기술의 국내 및 국제표준 제정에 공을 들인 이유가 있었다.

이와 더불어 '일대일로 건설에 산업통신업 표준화 업무 서비스에 관한 실시의견(关于工业通信业标准化工作服务于"一带一路"建设的实施意见)'을 발표하고 일대일로 연선국과 함께 국제표준 제정을 시도하기도 했다. 연선국을 중심으로 중국의 주도권과 영향력을 확대해 나간다는 전략이다.

디지털 실크로드로 불리는 해저케이블에서도 중국의 주도권이 눈에 띈다. 전 세계 통신 데이터의 95%를 전달하고 있는 해저케이블 중 90여 개를 화웨이 마린(Huawei Marine)이 담당하고 있다. 이뿐만 아니라 GPS 위성항법시스템도 부지불식간에 중국의 베이도우(北斗)로 대체되고 있다.

이러한 디지털 핵심 기술의 표준 제정은 중국의 디지털 패권 장악을 위한 든든한 지원군이 될 것이다. 하지만 미국의 반격이 있다. 미국은 중국의 이러한 움직임에 대비하기 위해 2021년 9월 EU와 무역기술위원회(TCC)를 출범시켰다. 이에 2022년에는 중국과 미국 간 디지털 패권 경쟁이 더욱 치열해질 것으로 예상된다. 더불어 디지털 분야의 기술 규범도 한층 강해질 것으로 판단된다.

이에 중국과 미국을 중심으로 제정되는 디지털 기술 규범에 보다 촉각을 곤두세우고 민첩하게 대응하는 것이 필요할 것으로 본다.

중국, 식량안보 핵심은 '콩'?

2021년 중국의 식량 생산량·수입량을 통해 본 식량안보

시진핑(习近平) 중국 국가주석은 2021년 12월 25~26일에 개최된 중국 공산당 중앙정치국 상무위원회에서 "중국인의 밥그릇은 언제든 자신의 손에 확실하게 들고 있어야 하고 주로 중국의 곡물로 채워서 식량안보를 보장해야 한다"라고 언급한 바 있다.

중국은 쌀과 밀, 보리, 옥수수, 대두 등의 안정적 공급을 통한 식량안보의 확립을 위해 국내 생산량 증대와 해외 수입을 병행하고 있다.

중국국가통계국이 지난해 12월 6일에 공개한 2021년 중국 식량 관련 통계를 살펴보면, 2021년 중국의 식량 생산량은 6억 8,285만 톤으로 전년 생산량(6억 6,849만 톤) 대비 2% 증가해 2013년을 기점으로 8년 연속 식량 생산량 6억 톤 이상을 기록했다.

그리고 같은 해 곡물(벼, 밀, 옥수수, 보리, 수수, 메밀, 귀리) 생산량은 6억 3,276만 톤으로 전년 곡물 생산량(6억 1,674만 톤) 대비 2.6% 증가했다.

2021년의 중국의 곡물 생산량에서 2대 필수 식량(两大口粮)인 벼와 밀의 생산량을 살펴보면, 벼의 생산량은 2억 1,284만 3,000톤으로 전년 대비 0.5% 증가했고, 밀의 생산량은 1억 3,694만 600만 톤으로 전년 대비 2%

증가를 기록했다.

같은 해 중국의 옥수수 생산량은 2억 7,255만 2,000톤(전년 대비 4.6% 증가), 감자 및 고구마 생산량은 3,043만 5,000톤(전년 대비 1.9% 증가)으로 모두 2020년에 비해 생산량이 늘어났다.

그러나 대두를 비롯한 콩의 생산량은 전년 대비 감소했다. 중국의 2021년 대두를 비롯한 콩의 생산량은 1,965만 5,000톤으로 전년 대비 14.1% 줄었는데, 특히 같은 해 중국의 대두 생산량은 약 1,640만 톤으로 전년 대비 16.4% 감소했다.

중국의 2021년 식량 수입량은 10월에 이미 1억 톤을 넘어섰으며 2015년부터 7년 연속으로 1억 톤이 넘는 식량을 수입했다. 중국 세관총국(海关总署)이 2021년 11월 18일에 공개한 통계에 따르면, 같은 해 1월부터 10월까지 중국의 식량 수입량은 1억 3,796만 톤으로 전년 동기 대비 23% 증가했다.

같은 기간 중국의 벼와 쌀의 수입량은 390만 톤으로 전년 동기 대비 111.9% 증가했고, 밀의 수입량은 808만 톤으로 2020년 같은 기간에 비해 20.8% 증가했다. 중국의 벼와 쌀, 밀의 수입량은 2021년 중국의 국내 벼, 밀의 생산량과 비교하면 중국의 국내 필수 식량 수요 관리를 위한 보조적인 역할을 하는 수준이다.

중국에서 축산물의 사료, 식용유, 에탄올의 원재료로 사용되는 옥수수는 2021년 1월부터 10월까지 2,623만 톤을 수입하여 전년 동기 대비 236.4%의 증가율을 기록했다. 그러나 옥수수도 중국의 2021년 국내 생산량이 2억 톤을 넘어섰기 때문에 중국의 해외 옥수수 수입량이 중국의 식량안보를 위협할 수준으로 볼 수 없다.

그러나 중국에게 있어서 대두는 해외 수입량과 국내 생산량의 격차가 크고 향후 2~3년 내에 국내 생산량의 대폭 증대가 어렵기 때문에 2022년에도 중국의 식량안보의 핵심이 될 것으로 예상된다.

중국 세관총국이 2021년 11월 18일에 공개한 통계에 따르면, 2020년 1월부터 10월까지 중국의 대두 수입량은 8,320만 7,000톤으로 같은 기간 중국의 식량 수입량의 74.2%를 기록했고 2021년 1월부터 10월까지 중국의 대두 수입량은 7,908만 톤으로 같은 기간 중국의 식량 수입량의 57.3%를 차지했다.

중국에서 대두는 식용유와 중국인들이 선호하는 돼지의 사료로 사용되고 있다. 중국의 돼지고기와 돼지 사육에 필요한 사료, 식용유의 수요는 지속되고 있지만 중국의 국내 대두 생산량은 2,000만 톤을 넘어서지 못하고 있고 2021년에는 전년 대비 감소를 기록했다.

그로 인해 중국은 매년 엄청난 양의 대두를 수입하고 있다. 중국 세관의 통계에 따르면 2020년 1월부터 12월까지 중국은 1억 33만 톤의 대두를 수입했고, 2021년에도 1월부터 12월까지 9,652만 톤의 대두를 수입했다.

중국은 2022년에도 옥수수를 비롯한 다른 곡물들의 생산량과 경작 면적도 관리해야 하지만, 대두 경작 및 생산을 담당할 농촌의 노동력이 부족해 대두의 국내 경작 면적을 대폭 확대하기 어렵다. 그로 인해 중국 중앙정부는 대두의 주요 생산국인 브라질과 아르헨티나에서 대두 수입량을 늘리면서 러시아와 러시아산 대두 증산 및 대중국 수출량 증대를 위한 협력을 강화하게 될 것으로 예상된다.

한국과 중국 모두 사료와 식용유 제조를 위해 대두를 해외에서 수입하고 있다. 또한 한국에는 외국산 대두를 사용하여 두부를 제조하는 업체들이 적지 않다.

한국과 중국 모두 대두를 포함한 식량과 원재료의 안정적인 공급과 자국의 식량 및 농산물 관련 종자 산업의 보호를 중시하고 있고, 양국의 인구 규모가 다르기 때문에 대두와 관련해서 실질적인 협력을 추진하기는 어렵다.

그러나 중국의 해외 대두 수입량 추이, 미국과 브라질, 아르헨티나의 대두 생산량과 수출량 추이는 한국의 해외 대두 수입 가격과 외국산 대두 수급에 영향을 줄 수 있다. 그러므로 우리 정부와 대두를 원재료로 사용하는 우리 기업들은 글로벌 대두 시장과 주요 대두 수출국 및 대두 수입국의 주요 행위자들이 어떻게 움직이는지를 지속적으로 모니터링해서 한국의 대두 수급을 안정적으로 관리할 것으로 예상된다

신금미

2022. 1. 21.

인구 14억인 중국이
인구 감소를 우려하는 이유는

인구 대국 중국이 인구 감소를 우려하고 있다. 최근 발표한 제7차 전국인구조사 자료에 의하면 2021년 중국의 총인구 수는 14억 1,260만 명이다. 인구가 무려 14억이 넘는데 인구 감소를 우려한다며 고개를 갸웃할 수 있겠지만, 총인구 수는 많지만 출생률이 감소하고 고령화가 매우 심각하다는 측면에서 그럴 만하다.

중국의 출생률은 2017년도부터 감소하기 시작하여 2020년에는 0.852%로 1978년 이후 처음 1% 이하로 떨어졌다. 그리고 2021년은 이보다 낮은 0.725%를 기록했다.

반면 65세 이상 고령 인구는 2020년 1억 9천만 명으로 총인구의 13.5%를 차지했고, 2021년 사상 처음으로 14%를 초과하며 고령화가 빠르게 진행되고 있다. 2022년도부터는 은퇴 인구가 급격히 증가하여 인구 고령화가 더욱 빠르게 진행될 것이라고 한다.

출산 장려하는 지방 정부

중국 정부는 고령화에 대응하여 그동안 고수해왔던 1자녀 정책을 2011년도부터 완화하기 시작했다. 2011년 부부가 모두 외동인 경우에 한해 두 자녀를 낳을 수 있도록 허용했고, 2013년에는 부부 중 한 사람이 외동인 경우 두 자녀 출산을 허용했다. 이후 출산율이 감소하기 시작한 2015년에는 부부 외동 여부와 상관없이 두 자녀 출산을 허용했다.

비록 출산율이 감소하긴 했지만 두 자녀 비중이 증가하자 2021년에는 세 자녀 출산을 허용했고 일부 지역에서는 출산을 장려하기 위한 보조금 지원 정책을 펼치고 있다.

몇몇 지역의 지원 정책을 살펴보면, 광둥성(广东省)은 세 자녀가 있는 여성에게 출산휴가 지원, 헤이룽장성(黑龙江省)은 만 3세 미만 영유아가 있는 부모에게 각각 10일의 유급 육아휴직을 제공하고, 헤이룽장성의 시 및 현급 지역 둘 이상의 자녀를 출산하는 가정에 양육보조금을 지원한다.

간쑤성(甘肃省) 장예시(张掖市) 린쩌현(临泽县)의 경우 한 자녀 출산 시 2,000위안, 두 자녀 출산 시 3,000위안, 세 자녀 출산 시 5,000위안의 출산수당을 지급하며, 두 자녀에게 연 5,000위안의 보육료를 지원하고, 세 자녀가 만 3세가 될 때까지 매년 10,000위안의 보육료를 지원하고, 두세 자녀가 있는 경우 40,000위안의 주택보조금을 지원하는 등 보조금 지원을 시행하고 있다.

베이징(北京)의 경우, 출산 여성에게는 출산휴가 30일을 추가로 지원하고, 그 배우자에게는 15일의 휴가를 추가로 지원한다. 쓰촨성(四川省)과 꾸이저우성(贵州省)의 경우, 만 3세 이하 영유아가 있는 부모에게 각각 10

일의 육아휴직을 지원한다.

하지만 이러한 지원 정책에 대하여 중국 내부적으로 비판의 목소리가 높다. 출생률 저하에 대한 근본적인 문제 해결 방안이 아니라는 이유에서다.

이는 한국 역시 마찬가지이다. 한국은 출생률을 높이기 위해 일찍부터 보조금을 지원해오고 있다. 하지만 지금의 출생률을 본다면 정책의 실효성에 의문이 있다. 물론 없는 것보다 있는 것이 낫고, 과거에 비해 개선된 부분도 많다. 하지만 지금과 같은 수준의 지원 정책은 출산과 육아에 약간의 도움만 될 뿐, 부부가 출산을 결심하는 데 있어 결정적인 역할을 하지는 못한다.

한국과 중국 모두 출생률이 감소하는 이유는 비슷하다. 즉 주거비와 교육비 부담 가중, 여성의 사회적 진출 확대, 불경기로 인한 치열한 경쟁 등 복합적인 요인이 존재한다.

따라서 문제 해결을 위한 접근 역시 복합적으로 이루어져야 한다. 단순히 휴가를 며칠 더 주고 보조금을 지원한다고 해서 출산을 결심하는 부부는 많지 않을 것이다. 양육에 대한 부담이 줄어드는 안정적인 사회 시스템이 만들어져야지만 출생률에도 변화가 생길 것이다.

출생률 저하와 인구 유출, 두 가지 문제에 직면한 지방

한국과 중국 모두 출생률 저하는 어느 지역을 막론하고 모두 심각할 것이나, 특히 지방이 심각하다. 양국 모두 대도시에 비해 비교적 열악한 지방의 경우, 젊은 청년들이 양질의 일자리 또는 자신의 꿈을 위해 대도시로 떠나면서 노인들만 남겨져 고령화가 심각하다. 지역에 젊은 청년들이 부재하다는 것은 지역의 경쟁력 상실로 이어져 지역 소멸이라는 문제까지 초래할 수 있다.

중국은 불균형적 성장론으로 인해 지역 간 빈부격차가 매우 심각하다. 정부의 적극적인 지원정책에 힘입어 지역별 개발정책이 실시되고 있긴 하다. 그러나 이미 모든 것을 갖추고 있는 동부 지역의 경제가 매우 빠르게 성장하고 있어, 지역 간 빈부격차가 좀처럼 해소되지 않고 있다.

이런 가운데 첨단기술이 지속적인 경제성장을 위한 중요한 산업이 되면서, 중국 대도시들이 치열한 인재 유치 정책을 펼치고 있어 지역 간 인재의 빈익빈 부익부도 심각한 상황이다.

중국 내에서 인구 유실이 가장 큰 지역이 헤이룽장성이다. 10년간 총 646만 명이 헤이룽장성을 떠났다. 반면 인구 유입이 가장 많은 곳이 광둥성이다. 10년간 총 2,170만 명이 유입됐다.

2021년 중국은 경제성장률 8.1%를 기록했다. 코로나19라는 기나긴, 어두운 터널을 지나고 있는 세계 곳곳 국가와 달리 놀라운 성장세를 보인 중국이다. 특히 광둥성의 경제성장이 놀랍다. 2021년 광둥성 GRDP가 12조 4,000억 위안으로 전년 대비 무려 8%나 증가하며 33년 연속 전국 1위를 차지하고 있다.

만일 헤이룽장성이 앞서 살펴본 출산 지원 정책을 실시하여 출생률이 증가했다고 해도, 양질의 일자리를 제공하지 못한다면 청년들은 결국 광둥성을 비롯하여 자신의 꿈을 펼칠 수 있는 곳으로 떠날 것이다. 따라서 인구 유실이 심한 지방의 경우, 출생률을 높이는 것과 더불어 인구 유실을 막을 수 있는 방법도 함께 고심해야 한다.

지역의 출생률을 높이기 위해 지원정책을 펼쳤다면, 그 청년이 그 지역에 안주할 수 있는 사회적 환경까지 만들어야 한다. 그래야만 지역을 위한 의미 있는 출산 지원정책이 될 것이며, 선순환으로 지역이 성장하면서 출생률도 증가할 것이다.

이는 한국도 마찬가지이다. 현재의 한국은 수도권 그중에서도 서울이 블랙홀처럼 젊은 청년들을 빨아들이고 있으며, 빨려 들어간 청년들로 인해 서울은 계속해서 발전해가고 있다. 하지만 무한 경쟁에 처한 청년들은 지쳐가고, 청년을 잃은 지방들은 경쟁력을 상실하며 활력을 잃어가고 있다.

결국 지쳐가는 청년과 경쟁력을 상실한 지방을 지키기 위한 대안은 지역의 균형발전이다. 지역이 균형적으로 발전한다면 출생률 상승에도 어느 정도 기여할 것이다. 이는 비교적 안정된 일자리가 보장된 지방의 경우에 출생률이 높다는 사례가 방증한다.

곧 대한민국의 대통령 선거가 실시된다. 대통령 후보들이 지역의 균형발전에 관심을 갖고 있는 만큼, 표심이 아닌 청년과 지방을 진정으로 위하는 지역 균형발전 계획이 나오길 기대해본다.

김현주
2022. 2. 25.

늘어가는 싱글로 인한 중국의 "독거"경제와 "게으름뱅이"경제

독거인구(獨居人口), 즉 혼자 사는 중국인의 수는 2018년 7,700만 명이었다. 이것은 1990년에 비해 6,000만 명 정도 증가한 숫자로 전체 인구의 16.69%를 차지한 수였다. 2018년 2021년에 독거인구가 9,200만 명에 이를 것이며, 2050년에나 1.33억으로 늘 것이라고 예상했으나, 예상은 상상을 초월했다. 2020년 중국 통계국에 의하면, 중국의 1인 가구는 이미 1.25억을 넘어 전체 가구의 25%에 이르렀다. 중국 전체 가구의 4분의 1이 1인 가구가 된 것이다. 게다가 1인 가구화의 속도가 하루가 다르게 빨라지고 있는 것이다.

1953년 처음 실시된 중국의 전국인구조사에서 1가구는 평균 4.33인으로 구성되어 있었다. 1자녀 정책이 그 원인 중 하나이기도 하지만, 그밖의 여러 요인으로 인해 개혁개방 이후 1가구 평균 구성원의 수가 점차 줄어들었고, 2020년 1가구는 평균 2.62인으로 눈에 띄게 줄었다. 평균적인 가정에는 아빠, 엄마, 그리고 1명 또는 2명의 자녀가 있고, 그 자녀들은 성인이 되기도 전에 학업을 위해 독립하는 경우가 허다하다. 또한 중국에서는 이혼율도 높아졌다. 2019년 국가통계국의 발표에 따르면, 중국 전체의 이혼율이 43.5%에 이른다. 이런저런 이유로 1인 가구의 증가는 어쩔 수 없는 현실이 되고 있다.

1인 가구의 증가에는 싱글족이 한 몫

학업과 취업 등의 이유로 일시적으로 생겨난 1인 가구가 있지만, 그 중에는 동거인이 없이 혼자 사는 인구도 늘어가고 있다. 이른바 싱글들이다. 중국의 싱글 인구는 2.4억, 그 중 7,700만이 혼자 산다. 광동, 허난, 스촨, 산동, 장쑤 등 인구가 많다고 알려진 지역은 모두 싱글 인구가 천만을 넘는다. 광동의 경우는 2,577만 명이 넘어 압도적이다.

2019년 싱글 비율이 20%를 넘는 성(省)은 일곱 군데로, 시장, 하이난, 광동, 광시, 윈난, 베이징, 신장이었다. 시장, 하이난, 광동은 25%가 넘었다. 도시로 보면, 싱글이 가장 많은 도시는 션전, 베이징, 광저우, 충칭, 상하이, 청두, 시안, 우한, 정저우, 쑤저우 순이다.

싱글의 증가는 개인주의, 결혼에 대한 부정적 관념, 결혼 비용에 대한 부담 등 여러 요인이 있을 것이다. 그런데 싱글을 포함하여 1인 가구가 생겨나는 원인은 노년층과 청장년층의 원인이 다르고, 도시와 농촌이 다르다. 노년층은 부부 중 한 명이 사망한 후 혼자 사는 경우도 있고, 전통적인 가족관의 변화로 자녀와 부모가 동거하는 경우가 줄어들고 있기 때문이다. 청장년층은 우선 취업으로 인해 1인 가구가 되는 경우가 많다. 유동성이 많고 경제가 발달한 지역에 1인 가구가 많은 것이 그 반증이다. 거주하던 지역에서 취업한 경우와 부모와 동거하지 않는 경우도 증가하고 있다.

그것은 생활 습관과 방식의 차이 때문이다.

또 하나의 원인은 결혼관의 변화이다. 이제 더 이상 청년들은 성인이 되면 결혼을 해야 한다는 생각을 하지 않는다. 이렇게 탄생한 것이 중국의 수많은 싱글족, 즉 단신주(單身族)이다. 단신주 중 특히 싱글 남성을 가리키는 말인 광군(光棍)들을 위해 혼자를 상징하는 숫자 '1'이 들어가는 날인 1월 1일, 1월 11일, 11월 1일, 11월 11일에 광군제를 열 정도로 싱글은 주요 소비자로 부상했다.

혼자 살아도 고독감이나 생활상의 불편함을 잘 느끼지 못하는 번잡한 도시와 달리, 농촌의 싱글족은 결혼하고 싶어 하는 경우가 많다. 그런데 중국의 농촌에서 남녀비율은 〈중국통계연감2021〉에 의하면 전국 향촌 인구의 성 비율이 107.91이다. 이것은 농촌 호적을 기반으로 작성된 것이다. 실제 많은 여성이 취업을 위해 도시에 살고 있는 것을 감안한다면, 이 성 비율은 더 클 것이다. 게다가 많은 농촌 여성들이 도시에 호적을 두고 있는 사람과 결혼하고 싶어 하는 것은 예나 지금이나 변함이 없다. 그밖에 결혼지참금 등 결혼에 소요되는 비용 부담이 크다는 것도 문제이다.

독거경제와 게으름뱅이 경제의 출현

오늘날 중국의 싱글 중에는 85년 이후 출생한 이들인 85후(빠링허우), 90년 이후 출생한 이들인 90후(지우링허우)들도 늘고 있다. 독거인구가 증가하는 추세에 맞춰, 인터넷에는 고독감을 10등급으로 구분하기도 한다. 가장 낮은 등급인 혼자서 쇼핑하기로부터, 혼자 식사하기, 혼자 카페 가기, 혼자 영화 보기, 혼자 샤브샤브 먹기, 혼자 노래방 가기, 혼자 바다 보러 가기, 혼자 놀이공원 가기, 혼자 이사하기, 최고의 등급인 혼자 수술하러 가기가 있다. 인터넷 SNS 상에서는 친구들끼리 "너는 몇 등급이야?"라고 묻는 경우를 흔히 볼 수 있다.

이렇듯 혼자 사는 사람들이 늘어가는 추세이니, 그 수요에 맞춰 "독거경제(獨居經濟)"가 빠르게 형성되고 있다. 싱글들이 선호하는 소형가구, 캡슐호텔, 애완동물 등의 상품이 인기를 얻고 있다. "혼자 먹기", "혼자 놀기", "혼자 살기"를 위한 상품이 대세이다. 젊은이들은 중국판 지식인인 즈후(知乎)나 중국판 소셜 커뮤니티인 더우반(豆瓣), 중국판 인스타그램인 샤오훙슈(小紅書) 등 인터넷 플랫폼을 통해 서로 정보를 공유한다. 그리고 최근에는 "라이브방송(直播)"을 통한 독거 상품 판매가 크게 인기를 끌고 있다.

이와 더불어 싱글족들의 삶의 방식을 충족시켜주기 위한 "란런경제(懶人經濟)"가 화두가 되고 있다. "란런경제"는 풀이하자면, 게으름뱅이 경제라고 할 수 있다. 게으른 사람들이 최대한 게을러질 수 있도록 도와주는 상품과 서비스를 공급하는 것이다. 전통사회에서 게으름이란 지양해야 하는 덕목이었지만, 현대사회에서 게으름은 주중에 열심히 일한 사람들에 대한 일종의 보상이 되었다. 따라서 란런경제의 주력군은 스트레스가 많은 학생, 화이트칼라 등 정신노동으로 지친 사람들이 많고, 경제적으로 여유가 있는 젊은 층이 많다.

란런경제는 "파오투이(跑腿經濟)"의 발달을 촉진했는데, "파오투이"는 발로 뛴다는 의미로 배달이나 퀵서비스와 같은 서비스를 의미한다. 게으른 사람들을 위해 파오투이족들이 서비스와 상품을 배달함으로써, 파오투이경제를 만들어낸 것이다. 란런경제가 시작된 것은 2000년대 초반이지만, 폭발적으로 발전한 계기는 코로나이다. 코로나는 게으름뱅이들의 소비에 대해 가졌던 부정적 인식을 싹 사라지게 했다. 누구나 다른 사람이 자신을 대신하여 배달을 해줘야 했기 때문이다.

독거인구 증가에 대한 대응과 앞으로 풀어가야 할 문제

전통적 결혼관과 가족관의 변화로 중국에서도 독신주의가 증가하고 있다. 이런저런 이유로 혼자 사는 인구가 늘어나고 있는 만큼, 늙으면 자식들의 봉양을 기다리기만 했던 양로관(養兒防老)은 이제 옛말이 되었다. 4대가 한집에 산다는 의미인 "사세동당(四世同堂)"은 더 더욱 찾아보기 힘들다. 핵가족이 보편화되었고, 2020년 현재 2대가 함께 사는 가구도 전체 가구의 36.72%밖에 되지 않는다. 이제 더 이상 양로를 개인이 책임지던 시대가 아닌 것이다. 중국 정부도 이런 현실을 받아들이고 있다. 선진국들의 상황이 모두 그것을 입증했기 때문에, 중국의 경제발전이 가져온 결과라고 보고 그에 대한 정책을 마련하고 있다.

특히 독거노인을 위한 질병 감시체제의 개선, 응급상황에 대한 구조체제 마련 등 양로서비스를 건설 중이다. 자식을 분가시키고 혼자 남은 노인을 "빈둥지 노인(空巢老人)"이라고 하는데, 중국 1인 가구의 대부분이 빈둥지 노인들이다. 독거노인들은 생활상의 어려움도 있지만, 심리적 문제도 해결해야 할 과제이다. 정신적 문제가 점점 더 많이 나타나고 있기 때문이다.

1인 가구의 증가가 중국만의 문제는 아니다. 세계적인 추세이다. 그러나 여러 가지 요인이 복합적으로 작용한 결과이다. 가장 우려되는 것은 인구 감소로 인한 사회경제적 문제의 출현이다. 1인 가구의 증가는 곧 출생률의 감소, 소가족화, 인구의 고령화와 함께 향후 정치, 경제, 사회, 문화 모든 방면에 영향을 미칠 것이다. 각 사회와 국가가 떠안게 될 부담의 증가는 결국 국내외 갈등을 초래할 수 있다. 중국 정부는 '중국 특색'의 정책을 마련할 것이라고 장담하고 있지만, 가야 할 길이 쉽지는 않을 것이다.

러시아-우크라이나 전쟁으로 복잡해진 중국의 셈법

2022년 중국의 핵심 과업, 시진핑 장기 독재 체제 마련

　러시아-우크라이나 전쟁이 발발한 지 3주가 되었다. 러시아의 일방적인 우크라이나 침공에 전 세계가 분노하였고, 미국, 유럽뿐만 아니라 한국, 일본, 호주, 뉴질랜드 등 주요 국가들이 대러시아 경제제재에 참여하며 러시아와 대립각을 세우고 있다. 이런 상황 속에서, 중국이 유독 모호한 태도를 취하고 있어 이목을 끈다.

　전쟁 발발 이후 지금까지, 중국은 러시아와 우크라이나 전쟁에 대해 분명한 태도를 보이지 못하고 있다. 2022 동계올림픽이 개막하던 2월 4일 중국 시진핑 주석과 러시아 푸틴 대통령이 베이징에서 정상회담을 가지고 나토(NATO)의 확장을 비난하는 공동성명을 발표하였기에 중국이 러시아의 우크라이나 침공을 사전에 알고 있었을 거란 추측도 있다.

　하지만 서방 국가들이 전쟁이 임박했다고 우크라이나에서 자국민을 철수시킬 때, 중국은 이를 부인하다가 개전 뒤에야 철수작전을 진행하는 등 러시아의 침략 가능성을 오판한 모습을 보여줬다.

　발발 이후 중국 당국은 온라인 공간에 올라오는 러시아 비판을 검열하고, 우크라이나 전쟁을 "위기" 혹은 "군사작전"으로 부르며 러시아의 전쟁 책임에 대한 직접적인 언급을 피하고자 하였다. 중국이 이렇게 불분명한 태도를 보이는 건 우크라이나 전쟁이 중국의 전략적 이익에 긍정적이든 부정적이든 막대한 영향을 끼칠 수 있기 때문이다.

우크라이나 전쟁에서 중국이 기대할 수 있는 전략적 이익

우크라이나 전쟁이 중국에 가져다줄 전략적 이익은 분명하다. 러시아가 인접 독립국을 침공한 이번 전쟁은 유럽 각국엔 직접적인 안보 위협이기도 하지만, 미국이 참여하여 구축한 나토의 전쟁 억지 능력이 충분한지에 대한 시험대이기도 하다.

게다가 상대가 핵보유국이면서 대규모 재래식 전력도 갖추고 있는 러시아이므로, 미국이 현 분쟁을 해소하기 위해 상당한 외교적, 군사적 역량을 우크라이나 전쟁에 집중해야 하는 상황이다.

이럴 때 우크라이나 전쟁이 예상보다 길게 이어진다면 미국은 중동, 중앙아시아에서의 전쟁과 국내 경제 위기에 대응하느라 동아시아 문제에 소홀할 수밖에 없었던 2010년대와 같은 상황을 다시 마주하게 될 수도 있다.

미·중 무역전쟁, 남중국해 영유권 문제, 양안 문제로 동아시아 내 미 동맹국을 위협해온 중국은 미국의 압박이 느슨해진 상황을 이용해 지역 내 영향력을 확고히 할 기회를 가질 수 있다.

이미 중국을 견제하고자 하던 포위망에도 균열이 나타나고 있다. 미국, 일본, 호주, 인도가 중국 견제를 목적으로 결성한 안보 체제인 쿼드(The Quad)는 2021년 9월 결성 후 최초로 정상회담을 갖고 중국의 도발 가능성에 긴밀히 대응하는 모습을 보였다. 그러나 우크라이나 전쟁이 발발하고 대러 경제제재가 시작되자, 인도가 여기에 참여하지 않고 오히려 가격이 하락한 러시아 원유를 매입하려는 움직임을 보이며 제재의 효력을 약화한다는 비판을 받고 있다.

중국이 인도처럼 경제적 지원을 적극 제공하고 러시아산 원자재를 구매하며 러시아를 중국 중심 경제권 안으로 끌어들일 경우, 미국이 첨단기술 이전을 막는 상황에서 중국으로서는 새로운 기술과 자원의 원천을 확보하는 기회가 될 수도 있을 것이다.

러시아 우방국으로서 감당해야 할 막대한 손해

하지만 동시에 중국이 러시아를 적극적으로 지지할 때 부담해야 하는 비용도 만만치 않다. 중국이 러시아를 지원하면 러시아와 함께 국제적으로 고립될 가능성을 피할 수 없다.

러시아는 2014년 크림반도 사태 이후부터 꾸준히 서방의 경제제재를 겪어왔고, 서방에 대한 경제적 의존도를 꾸준히 줄이고 외환보유고를 늘려가며 루블화에 대한 환율 방어 태세까지 갖춘 국가였다.

하지만 이렇게 대외 의존도를 줄여온 러시아 경제도 전쟁과 경제제재가 주는 부담을 이기지 못하고 무너지고 있다. 주요 금융 기관들이 러시아가 2022년 마이너스 9~15% 수준의 역성장을 겪을 것이라고 예상하는 상황인 만큼, 각국의 정치·경제가 긴밀히 연결되어 있는 2022년에 세계 주요 국가를 적으로 돌리는 전쟁은 경제적 부담이 클 수밖에 없다.

이러한 상황에서 중국이 러시아에 적극적으로 경제 지원을 제공하면, 중국 기업 및 금융 기관 역시 제재 대상이 되어 피해를 보게 된다. 중국과 러시아 간 무역액은 2021년 사상 최고액인 1,400억 달러에 이르렀지만, 같은 해 EU와의 무역액은 8,280억 달러, 미국과의 무역액은 6,570억 달러에 달했다.

중국이 여전히 미국과 EU와의 무역을 통해 상당한 이익을 얻고 있는 상황에서, 상대적으로 작은 러시아와의 경제 협력을 위해 미국, EU와의 교역을 희생하고 제재를 당하게 되면 중국 경제에도 큰 충격이 될 것이다.

이미 3월 5일 중국 리커창 총리는 중국의 2022년 경제성장률이 1991년 이후 최저인 5.5%에 불과할 것이라는 전망을 한 상황이라, 중국공산당도 추가적인 경제 손실을 감당하기엔 부담이 되는 상황이다.

그뿐만 아니라, 중국이 러시아를 공개적으로 지지하면 중국의 대유럽 외교 역시 큰 타격을 받을 수밖에 없다. 2010년대 들어서 미국이 중국에 대한 압박의 강도를 높이자, 중국은 이러한 세계적 봉쇄를 타개하기 위해 유럽과의 관계를 강화하고자 꾸준히 노력했다.

미국과 유럽이 나토 내 방위 분담금, 반(反)화웨이 제재에 대한 이견으로 갈등이 깊어지고 유럽이 나토를 대체할 EU군 창립을 논의하는 상황에서, 중국은 일대일로를 통한 대규모 유럽 투자를 약속하고 경제적 협력을 강화하며 유럽과의 관계를 회복했다.

그런데 현재 미국 및 유럽 모두 우크라이나를 지지하는 상황에서 중국이 러시아의 편을 든다면, 그동안의 외교적 노력 역시 무위로 돌아갈 것이며, 더 나아가 유럽이 대중국 전선에 참여하게 만드는 결과를 가져올 수도 있다.

곤란한 상황에 부닥친 중국

게다가 2022년에는 중국공산당과 시진핑 주석에게 너무나 중요한 해이다. 2022년 하반기에 있을 20차 전국인민대표회의에서 시진핑 주석이 개혁개방 이후 최초로 3회 연임하는 주석이 될 것이라는 전망이 유력하기 때문에 정치적 부담이 큰 상황이다. 시진핑 주석이 장기 집권을 정당화하기 위해 대만을 무력 흡수하여 중국 통일을 달성하려 한다는 극단적인 전망까지 나오고 있다.

여기에 코로나19로 인한 타격, 중국 부동산 버블 붕괴, 인플레이션 등으로 인해 중국공산당 독재의 명분이 되던 고속 경제성장도 2022년에는 달성하기 힘들어졌다. 또한 우크라이나 전쟁 역시 예상과 다르게 장기전이 되면서 이로 인한 불확실성 역시 커진 상황이다.

중국은 러시아의 침공 이전부터 미국 나토의 반러시아 입장을 비난하며 러시아에 상대적으로 우호적인 태도를 보여 왔다. 러시아의 예상대로 전쟁이 조기에 종결됐다면, 중국이 원칙적인 외교적 해결만 주장하며 취했던 모호한 입장은 결과적으로 중국의 현 국제적 지위를 지키는 데에 도움이 될 수 있었을 것이다.

하지만 이미 전쟁은 생각보다 길어졌고, 미국과 서방 국가는 중국이 러시아에 경제적·군사적 원조를 제공하지 말라고 공개적으로 경고하는 상황이 되었다. 시진핑 장기 독재체제 수립을 위해 안정성이 무엇보다 중요한 시점에서, 중국은 우크라이나 전쟁에 대한 견해가 가져올 손익과 국내 영향까지 따져야 하는 상황이 됐다. 매일 우크라이나 민간인 희생자가 늘고 있는 상황에서, 현재의 모호한 태도를 유지할수록 중국의 결단을 요구하는 국제사회의 목소리도 커질 수밖에 없다.

중국,
2022년 석탄 더 많이 쓰나
2022년 중국 중앙정부의
에너지 정책 및 에너지 소비 방향

중국은 매년 3월 양회(전국인민대표대회, 전국정치협상회의) 기간에 국무원 총리가 정부업무보고(政府工作報告)를 통해 한 해의 주요 정책들과 정책 실행을 위해 추진할 사항들을 공개하고 있다.

2022년에도 지난 5일 제13차 전국인민대표대회 제5차 회의에서 국무원 총리 리커창(李克强)이 정부업무보고를 발표했다. 리커창 총리는 2022년 정부업무보고에서 생태환경 개선과 저탄소 녹색경제 발전, 경제사회 발전과 온실가스 배출량 감소의 병행, 인간과 자연의 공생의 차원에서 에너지 정책을 추진할 것임을 밝혔다.

이를 위해 대규모 태양광발전소, 풍력발전소와 양수 발전소의 건설과 함께 이들 재생에너지 발전소들과 중국 국내 전력망 간의 연계성을 강화할 예정임을 공개했다.

재생에너지 발전소들과 중국 국내 전력망 간의 연계성 강화는 발전소들과 중국 내 전력망의 연계 부실로 인하여 재생에너지 발전설비에서 만든 전기가 사용되지 못하고 사라지는 문제를 개선하기 위한 것이다.

이번 정부업무보고에서 태양광발전, 풍력발전과 함께 신재생에너지 발전의 중요한 부분으로 소개된 양수발전은 수력발전의 일종으로, 전력 수요가 적은 심야의 전기를 사용하여 하부 저수지의 물을 상부 저수지에 저장했다가 하루의 전력 사용 수요가 커지는 시기나 블랙아웃 위기에 직면했을 때 저장한 물을 하부로 떨어뜨려서 전력을 생산하는 방식이다.

중국 국가전력망(国家电网)의 통계에 따르면, 중국은 2016년부터 23개의 양수 발전소를 착공하였고 1,800억 위안을 투자했다. 또 7개의 양수발전소를 가동하고 있으며 이들 양수발전소의 설비용량은 765만 킬로와트(kw)로 세계 최대 규모다.

양수발전은 심야전력을 활용하여 석탄화력발전이나 원자력발전과 같이 대량으로 전력을 공급하는 발전설비의 고장, 전력계통의 돌발 사고, 갑작스러운 부하의 변동에 직면했을 때 전력공급을 할 수 있는 장점이 있다. 그로 인해 중국에서도 국가전력망(国家电网)을 중심으로 양수 발전 설비 용량을 지속적으로 늘리고 있다.

중국 허베이성(河北省) 펑닝 (丰宁)에 위치한 펑닝 양수발전소는 2021년 12월 30일부터 전력 생산에 들어간 세계 최대 규모(설비용량 360만 kw)의 양수발전 설비이다. 지난 1월 23일《북경일보(北京日报)》의 보도에 따르면 펑닝 양수발전소는 베이징과 허베이성에 전력을 공급하는 과정에서 매년 48만 톤의 석탄 절약, 연간 120만 톤의 이산화탄소 감소를 목표로 하고 있다.

국가전력망은 2022년 저장성(浙江省) 타이순(泰顺), 장시성(江西省) 평신(奉新)에 각각 120만kw 규모의 양수발전소 공사를 진행하고 있다. 중국에서는 수력발전소들과 국내 전력망 간의 연계가 약한 경우가 있어서 일부 수력발전소들에서 생산한 전기가 사용되지 못하고 손실이 발생하고 있다. 양수발전은 이와 같은 기수 현상을 완화하는 수단으로 활용될 수 있어서 향후 중국에서 양수발전소의 설비 용량이 계속 늘어날 것으로 예상된다.

리커창 총리의 2022년 정부업무보고에서 재생에너지의 보급을 통한 에너지 전환이 비중 있게 다뤄진 것처럼 주요 재생에너지인 양수발전과 태양광, 풍력발전이 전력 소비지역 부근에 분산 배치되어 이 설비와 가까운 지역에 전력 공급을 할 수 있게 되었다. 하지만 이러한 발전 방식은 대량의 전력을 안정적으로 공급하는 기저 전력의 역할을 수행하기는 어렵다.

중국 국가통계국이 2022년 2월 28일에 공개한 중화인민공화국 2021년 국민경제사회발전통계공보(中华人民共和国2021年国民经济和社会发展统计公报; 이하 2021년 중국 국민경제사회발전통계공보)에 따르면, 2021년 중국의 풍력발전 설비용량은 3억 2,848만kw이고, 태양광발전 설비용량은 3억 656만kw인데 같은 해 태양광발전과 풍력발전 설비용량과 양수발전 설비용량을 합쳐도 6억 4,269만kw로 중국의 전체 발전소 설비용량(23억 7,692만kw)의 약 27%에 불과하다.

반면 2021년 중국의 석탄화력·가스화력발전소들의 설비용량은 12억 9,678만kw로 같은 해 중국의 전체 발전소 설비용량의 약 54.6%를 차지하고 있다. 대량 전력공급이 가능한 원자력발전소들의 설비용량은 5,326만kw로 약 2.2%에 불과해 전력공급의 안정성 확보에 있어서 석탄화력발전소들의 역할이 다른 방식에 비해 클 수 밖에 없다.

2021년 3분기와 4분기에 발생했던 중국의 전력난으로 경제성장이 계속되는 중국에서 안정적인 전력공급을 위한 석탄화력발전소들의 역할은 여전히 중요하다. 에너지 소비 총량과 에너지 소비 강도(단위 GDP당 에너지 소비량)를 동시에 줄이는 '쌍쿵(双控)' 정책이 비현실적이라는 것은 입증된 바 있다.

이를 감안하여 리커창 총리는 기존 정책에서 탄소배출 총량과 탄소배출 강도를 동시에 줄이는 방식으로 전환할 것이라고 밝혔다. 또 오염물질 감소와 석탄 사용 축소 정책을 개선하겠다고도 밝혔다.

석탄 사용 축소의 완화는 2021년에 이미 시작되었다. 지난해 중국 국민경제사회발전통계공보에 따르면 중국의 석탄 소비량이 전체 에너지 소비량에서 차지하는 비중은 56%로 전년 대비 0.9% 감소하였지만, 2020년 석탄 소비량과 비교하면 4.6% 증가했다.

이와 같이 늘어난 중국의 석탄 소비 수요 충족을 위해 중국의 석탄 생산량과 해외 석탄 수입량도 함께 증가하였다. 2022년 1월 17일 중국 국가통계국이 공개한 통계에 따르면 지난해 중국의 석탄 생산량은 40억 7,000만 톤으로 전년 대비 4.7% 증가했고, 같은 해 해외 석탄 수입량은 3억 2,000만 톤으로 전년 대비 6.6% 증가했다.

지난해 중국의 석탄 소비 증가 추세는 2022년 중국 중앙정부의 에너지 소비 통제와 석탄 사용 축소의 완화, 중국 석탄화력발전소들의 전력 생산을 위한 연료탄 수요와 중국 철강업체들의 코크스 제조를 위한 점결탄 수요로 인해 지속될 가능성이 있다.

중국의 석탄 소비 증가는 한국의 월경성 대기오염 완화에 부정적인 영향을 미칠 가능성이 있다. 중국은 발전설비의 대기오염물질 저감을 위해 양수발전을 비롯한 재생에너지 발전 설비용량도 지속적으로 늘리고 있다. 그러나 상술한 바와 같이 재생에너지 발전설비들은 분산형 전원의 역할을 수행할 수는 있지만 기저 전력의 역할을 수행하기 어렵다.

그러므로 한국 환경부와 중국 생태환경부는 공동으로 진행하고 있는 미세먼지 저감 환경기술 실증 협력사업을 통해 한국 업체들이 중국의 석탄화력발전소들의 대기오염물질 저감 설비와 기술을 지원하여 중국 석탄화력설비의 대기오염물질 배출량의 지속적인 감소를 유도해야 한다.

이와 함께 한국의 기업, 자본이 중국의 수소 생산설비에 투자하여 중국의 수소 제조 능력 향상을 지원하고 중국의 수소 생산 규모가 커지면, 한국으로 중국산 수소를 수입하는 것도 한국과 중국의 수소경제 발전과 대기오염 문제의 개선에 도움이 될 수 있을 것이다.

중국,
효율보다는 분배에 초점 맞춰야

2022년 중국 1분기 경제성장률이 2021년 4분기보다 0.8%포인트 높은 4.8%로 집계됐다. 3월 개최한 양회에서 2022년 달성 목표로 제시한 "5.5% 안팎"에 못 미치는 수준이다. 중국 정부가 제로 코로나 정책을 고수하며 코로나 확산으로 도시 봉쇄가 지속되고 있음을 감안하면 2분기 경제성장률도 목표치에 미치지 못할 것으로 보인다.

한편, 이러한 상황과 달리 중국 최남단에 위치한 하이난성(海南省)은 비교적 안정적 성장세를 보이고 있다. 하이난성 통계국에 따르면 2022년 1분기 GRDP는 1,593억 위안으로 전년 동기대비 6.0% 증가했다.

하이난성은 중국 최대의 섬으로 지난 2018년 4월 시진핑 국가주석에 의해 자유무역항으로 지정되어 2022년 4월로 자유무역항 건설 4주년을 맞았다. 2018년부터 2021년까지 하이난성 GRDP는 연평균 6.5%로 성장했고, 사회소비품 소매총액은 연평균 9.0% 증가했다. 2021년에는 주요 경제지표가 전국 상위권을 차지하였으며, 그중 상품무역 수출입총액은 1,476억 9,000만 위안으로 전국 대비 무려 36.3%포인트나 높은 성장률을 기록했다.

하이난성이 불과 4년 만에 이러한 성장세를 달성할 수 있었던 데는 이 지역을 세계 최고의 자유무역항으로 만들기 위한 정부의 전폭적인 제도적 지원이 있기 때문이다. 중국 정부는 2020년 6월 "하이난 자유무역항 건설 총체 방안"을 발표하며 무역, 투자, 금융, 인재, 운수, 산업, 조세, 법률 등 전방위적인 지원정책을 적극적으로 펼치고 있다. 많은 지원정책 중 중국 정부가 특히 신경을 쓴 부분은 조세지원 제도이다. 그중에서도 "쌍(双) 15% 저세율"을 들 수 있다.

이는 하이난성의 자유무역항 건설을 위해 필요한 인재와 장려산업 및 기업을 유치하기 위해 일정 조건에 부합할 시, 개인소득세와 기업소득세 모두 최고 15%의 세율을 적용하는 지원제도이다. 개인소득세의 내용을 살펴보면, △하이난성 자유무역항에서 근무 △하이난 자유무역항에 등록되어 있으며 실제 운영 중인 기업과 1년 이상 노동계약을 체결 △1년 중 6개월 이상 연속으로 하이난성 자유무역항에 사회보험료를 납부하는 고급인재 또는 필요인재로 이 세 가지 조건을 충족할 시 최고세율 15%가 적용된다. 이는 중국 본토 최고세율이 45%인 것과 비교하면 매우 파격적인 지원이다. 홍콩의 15~17%와 비교해도 유리하다.

이러한 지원제도에 힘입어 2021년 하이난성 내 신규 민간기업이 15만 개 증가하였고, 신규 외상투자기업은 1,936개로 동기 대비 92.6% 증가하였다. 또한 2018년부터 2021년까지 누적 실질외자이용액은 87억 9,600만 달러로, 이는 하이난성이 만들어진 이래 30년 동안 실질외자이용액의 91.5%에 달하는 수치다.

2020년도 "쌍(双) 15% 저세율" 정책을 실시하면서 하이난성의 631개 기업이 약 33억 73만 위안을 감면받았고, 8,000명이 약 8억 위안의 개인소득세를 감면받았음에도 세수입이 대폭 증가한 것이다. 특히 개인소득세 세수입 증가율이 전국 1위를 기록했다. 이는 그만큼 많은 인재가 하이난 성으로 유입되었음을 시사한다.

이와 같이 경제지표 성적만을 놓고 보더라도, 하이난성을 향한 중국 정부의 전폭적인 지원 효과가 나타나고 있다. 즉 경제성장에는 제도적 지원이 매우 중요함을 알 수 있다. 하지만 제도적 지원을 실시하는 데 있어 간과해서는 안 되는 부분이 있다. 바로 국가의 정책 기조다.

시진핑 국가주석은 2021년도부터 함께 잘 사는 공동부유를 정책 전면에 내세우고 있다. 2022년 들어 코로나19라는 악재가 지속되고, 우크라이나와 러시아의 전쟁이 길어지는 등 국내외적으로 불확실성이 커지면서 공동부유 정책은 다소 느슨해진 느낌이다. 하지만 2021년 100년의 목표 중 하나인 전면적인 샤오캉사회(小康社會)를 실현했다고 공식 발표했으므로, 또 다른 하나인 다퉁사회(大同社會)를 실현하기까지 공동부유는 국가의 정책 기조가 될 것이다.

공동부유의 핵심은 중국 내 심각한 빈부격차를 줄이는 것으로 공평, 바로 분배이다. 시진핑 국가주석이 내세운 공동부유를 실현하기 위해서는 롤스의 사회후생함수가 고려되어야 한다. 롤스의 정의론에 따르면 사회 전체의 후생함수는 후생함수가 가장 작은 자의 후생이 극대가 될 때 최대가 된다. 즉 롤스의 사회후생함수는 공평, 분배를 매우 중요시한다.

그러나 현재 하이난성에서 실시하고 있는 "쌍(双) 15% 저세율"은 롤스의 사회후생함수와 대비되는 공리주의 사회후생함수를 따른 것이라고 볼 수 있다. 공리주의 사회후생함수는 사회 전체의 후생을 높이면 되는 것으로 효율만 중요시할 뿐 분배는 전혀 고려하지 않는다.

왜 "쌍(双) 15% 저세율"이 공리주의 사회후생함수를 따르는 것인지는 앞서 살펴보았던 개인소득세를 통해 알 수 있다. 개인소득세 15% 세율이 적용되는 조건을 보면, 필요인재 또는 고급인재라는 대목이 있다. 여기서 필요인재란 하이난성 자유무역항이 장려하는 산업에 필요한 인재를 뜻한다. 이를테면 관광업, 현대서비스업, 첨단기술산업 등 3대 장려산업, 열대 고효율농업 종자산업, 의료, 교육, 스포츠, 통신, 인터넷, 문화, 금융, 해운 등 분야의 기술자 및 전문가 등이 필요인재에 속한다. 고급인재란 하이난성 관리부문이 인정하는 인재이거나 하이난성 자유무역항에서 연 수입이 30만 위안 이상인 자이다. 고급인재 또는 필요인재에게만 15%의 세율을 적용한다는 것은 그들의 후생을 높임으로써 사회 전체의 사회후생을 높이겠다는 것으로 지극히 효율만을 중시하고 있다.

이와 같이 효율만을 중시하는 제도적 지원에 힘입어 하이난성의 경제는 분명 성장할 것이다. 그러나 동시에 하이난성은 빈부격차가 가장 심각한 지역이 될 것이며, 이는 중국의 빈부격차를 더욱 가중시켜 시진핑 국가주석이 내세운 공동부유 실현을 오히려 어렵게 만들 것이다.

공동부유 실현을 위해 경제성장을 저해할 수 있는 시장이나 기업을 규제하는 다소 과격한 방법을 시행한 중국이다. 참으로 모순된 모습이다. 한쪽에서는 경제성장을 위해 파격적인 지원정책을 펼치고, 다른 한쪽에서는 오히려 규제를 강화하여 경제를 위축시키고 있으니 말이다.

경제의 지속적인 성장도 중요하다. 하지만 중국은 이제 성장보다는 분배에 초점을 맞춰야 하는 때다 중국 정부가 진심으로 공동부유가 실현되길 원한다면, 롤스의 사회후생함수를 고려하여 효율보다는 공평, 분배에 중점을 둔 지원정책을 펼쳐야 할 것이다.

조정원
2022. 5. 30.

세계 최대 인구 중국,
우크라이나 사태 이후 식량 비상 막으려면

중국의 식용유 원료 농산물과 식용유를 중심으로

중국은 지속적인 경제성장과 다수 국민들의 소득 증대에 따른 식생활 개선으로 식용유 제조에 사용되는 농산물과 식용유의 수요가 늘어나고 있다. 그로 인해 중국은 해외에서 식용유의 원료 농산물과 식용유를 수입하고 있다.

중국 세관이 공개한 2021년 중국의 식용유의 원재료 농산물과 식용유 수입 통계를 살펴보면 2021년에 중국은 대두 9,654만 5,000톤, 콩기름 112만 1,000톤, 유채씨 264만 톤, 유채씨유 215만 4,000톤, 팜유는 634만 5,000톤을 수입했고 해바라기씨유는 2021년에 44만 톤을 러시아에서, 109만 톤을 우크라이나로부터 수입했다.

2021년 중국의 식용유 원료 농산물과 식용유 수입은 코로나19 팬데믹과 브라질 동부의 홍수, 남부의 가뭄으로 인한 대두 생산량 감소에 따른 가격 인상을 감수하면서 진행한 것이다. 그로 인해 같은 해 중국의 식용유 가격은 2020년에 비해 올라갔다. 2022년 4월 11일 중국 《경제일보》의 보도에 따르면 2021년 중국의 식용유 가격은 전년 대비 8.6% 상승했다.

2022년 2월 24일부터 시작된 러시아의 우크라이나 침공으로 식용유 가격이 전 세계적으로 올라가고 있고, 중국도 식용유 가격 인상을 피할 수 없었다. 베이징(北京)의 신파디(新发地)에서 20년간 식용유 도매업에 종사하는 마궈전은《중국신문주간》과의 인터뷰에서 러시아-우크라이나 전쟁 이전 5리터의 콩 식용유 네 통이 들어있는 상자 하나의 가격이 240위안이었는데, 전쟁 이후 270위안으로 올랐다고 밝혔다.

마궈전은 매월 콩 식용유 1만여 상자를 판매했고 콩 식용유가 전체 식용유 판매량의 80%를 차지했었는데, 러시아-우크라이나 전쟁에 따른 가격 인상으로 인해 콩 식용유 공장에서 제품을 공급하지 않아 본인 역시 재고가 바닥났다고 토로했다.

2022년 3월 14일《중국신문주간》의 보도에 따르면 중국 허난성(河南省) 정저우(郑州)의 완방 농산물도매시장에서도 2022년 2월 말에 20리터의 콩 식용유 가격이 한 통에 190위안이었는데 3월 중순에는 220위안에서 225위안 사이를 기록했다.

이와 같은 콩 식용유 가격의 인상은 중국인들의 식용유 소비에도 영향을 줄 수 있다. 2022년 4월 11일《경제일보》에 보도된 국가발전개혁위원회 가격원가조사센터장인 황한취엔(黄汉权)의 인터뷰 내용을 살펴보면, 중국인들의 식용유 소비는 콩 식용유, 카놀라유(유채씨유), 땅콩 식용유 중심으로 진행되고 있다. 그렇기 때문에 중국의 콩 식용유 가격 인상은 중국의 가정과 식당의 지출 증가와 비용 관리의 부담이 될 수 있다.

해바라기씨유의 경우에는 러시아-우크라이나 전쟁이 길어지면서 해외로의 공급이 제한되지만, 중국에서 콩 식용유, 카놀라유보다 소비되는 비중이 작기 때문에 다행히 중국에 주는 영향이 크지 않다.

그러므로 중국으로서는 식용유에 사용되는 농산물과 식용유의 안정적 공급을 위한 해외로부터의 수입 다변화를 추진하는 과정에서 대두의 수입량을 관리하는 것이 무엇보다 중요하다. 중국 정부는 대두의 해외 의존을 줄이기 위해 국내 대두 생산량의 증대를 희망하고 있다.

그러나 중국 농민들은 대두와 옥수수 재배 중 본인의 수익을 증대할 수 있는 선택을 하고 있다. 2021년 옥수수 가격이 오르면서 중국의 농민들 사이에서는 옥수수 재배와 생산력이 늘어난 반면 대두의 재배와 생산량은 줄어든 경우가 많았다.

중국의 다수 농민들은 농산물 시장과 대두를 재료로 사용하는 기업들에서 대두 판매량에 대한 가능성이 보이지 않으면, 대두의 증산에 소극적이거나 부정적인 태도를 견지하고 있다.

그리고 중국의 대두 생산지인 화북 지역과 동북 지역은 재배 기간의 온도와 강수량에 따라 대두 생산량의 증감이 발생하고 있다. 그로 인해 중국은 대두를 미국과 아르헨티나, 브라질에서 수입하고 있고, 중국 동북 지역과 인접한 극동 러시아에서는 대두 재배와 생산 그리고 대중국 대두 수출을 위해 협력하고 있다.

중국은 대두를 비롯한 식용유 원료 농산물의 안정적인 공급을 위해 해외 수입선 다변화와 중국 기업들의 해외 진출을 통한 식용유 원료 농산물 재배 및 대중국 수출을 적극적으로 추진하게 될 것으로 예상된다.

한국에서도 코로나19 팬데믹과 함께 콩 식용유를 비롯한 식용유 가격의 인상이 계속되고 있다. 한국의 콩 식용유 18리터당 판매가격은 2021년 초 22,000원이었지만 2022년 5월 하순에는 모 인터넷 쇼핑몰 판매가격이 8만 9,000원까지 올라갔다.

식용유 원료 농산물과 식용유 가격이 오르게 되면 한국의 중화요리,

치킨, 전 등을 판매하는 외식업체들과 소상공인들의 생계와 소비자 물가 안정에 좋지 않은 영향을 줄 수 있다.

우리 정부와 기업들도 국제정세의 변화와 기상이변으로 인한 식용유 원료 농산물의 수급 변동에 대비하기 위해 식용유 원료 농산물의 해외 수입선 다변화를 지속적으로 추진하게 될 것으로 예상된다.

한국과 중국이 정부와 기업 차원에서 해외로부터의 식용유 원료 농산물 확보를 위해 협력할 가능성이 현재로서는 크지 않다. 중국은 중량을 비롯한 국유 대기업들이 보유한 자금과 중국 정책 금융기관들의 금융 지원을 통해 해외에서 식용유 원료 농산물의 대규모로 재배하고, 대량 생산하는 데 직접 투자할 수 있다.

또한 중국은 해외에서 생산한 식용유 원료 농산물에 대한 자국 수입량을 계속 늘려야 한다. 따라서 한국을 비롯한 해외 기업들과 식용유 원료 농산물 재배 및 생산에 대한 협력을 할 가능성이 높지 않다.

그러나 중국의 식용유 원료 농산물 해외 수입선 다변화와 해외 생산 투자는 향후 해외 식용유 원료 농산물 수급과 가격, 국내외 식용유 가격에도 영향을 줄 수 있다. 그러므로 중국의 식용유 원료 농산물 해외 수입선 다변화와 해외 생산은 한국을 비롯한 여러 나라의 정부와 기업들이 관심을 가지고 모니터링하게 될 것으로 예상된다.

이름뿐인 '일국양제', 홍콩을 떠나는 기업들

홍콩 반환 25년, 여전히 불안정한 미래

2022년 7월 1일, 홍콩 컨벤션 전시 센터에서 홍콩 중국 반환 25주년 기념식이 열렸다. 이번 기념식에는 중국 시진핑 주석이 참석했는데, 시진핑 주석의 홍콩 방문은 20주년 기념식이 열렸던 2017년 이후 5년 만이었다. 코로나19 사태 이후 시진핑 주석이 처음으로 중국을 벗어나는 국외 일정이어서 국내외 언론의 시선을 끌었다. 이번 기념식에서 시진핑 주석은 홍콩의 미래를 위한 우선 과제로 애국주의, 사회 안정, 경제 발전을 강조했다.

시진핑 주석이 기념 연설 내내 강조한 것은 "일국양제"였다. 일국양제는 1997년 홍콩, 1999년 마카오 반환 이후 중국이 제시한 해당 지역 통치 원칙으로, 홍콩과 마카오가 반환 이전에 가지고 있던 정치, 경제, 사회 체제를 반환 이후 50년간 한시적으로 유지하며 중화인민공화국 본토의 공산주의 체제와 공존하는 방식이다.

시진핑 주석은 이번 연설 중 "일국양제"를 20번 언급하면서, "일국양제는 여러 차례 검증을 거친 체제로 전혀 바꿀 이유가 없으며", 오히려 "오랜 기간 유지하여야 한다"라고 호평했다. 시진핑 주석은 또한 일국양제가 국제 사회와 홍콩 시민의 인정과 지지를 얻었으며, 이와 같은 지지를 통해 홍콩의 발전과 중국의 근본적인 국익을 지켜낼 수 있었다고 평가했다.

이렇게만 보면 시진핑 주석이 일국양제의 성과를 극찬하며 홍콩의 자주권을 보장하겠다는 선언처럼 보이지만, 실상은 그렇지 않다. 홍콩 반환 이후 중국은 점진적으로 홍콩에 대한 중국의 영향력을 확장하려고 시도했고, 그 움직임은 2010년대에 들어서면서 더욱 노골적으로 드러나기 시작했다.

2014년, 민주 진영의 요구에 부응하여 중국이 3년 뒤 홍콩 행정장관 직접선거를 도입하면서 정작 친중파만 후보로 나설 수 있게 하자, 이에 반발하는 홍콩 시민들의 시위는 "우산 혁명"으로 발전했다.

2015년에는 홍콩의 퉁러완(銅鑼灣) 서점 직원들이 시진핑 주석의 개인사를 다룬 책을 출간하려고 시도하다가 하나둘 실종되기 시작했는데, 이 가운데 한 명은 중국이나 해외에서 실종된 다른 직원들과 달리 홍콩 내에서 실종되어 홍콩 시민들에게 큰 충격을 주기도 했다.

2019년 "범죄인 송환법"을 개정하면서 홍콩에 체류하는 반중국적 인사들이 중국으로 송환될 가능성이 생기자, 홍콩 시민들은 계속되는 중국의 통제와 간섭에 저항하기 위해 대규모 민주화 시위로 대응하였다.

특히 2019년 홍콩 민주화 시위 이후 중국은 홍콩에 대한 통제를 더욱 강화하고자 하였는데, 그 시작은 2020년에 도입된 국가보안법이었다. 논란의 국가보안법은 국가 분열, 정권 전복, 테러 활동, 외국 세력과의 결탁 등 "국가의 안보를 위협하는 행위"를 최대 무기징역에 처하게 할 수 있어 민주화 시위 참가자들을 탄압하는 법적 기반을 마련해줬다.

2021년에 있었던 홍콩 의회 선거에서도 중국은 "애국자가 다스리는 홍콩"을 내세우면서 친중적인 "애국" 인사들만 선거 출마 자격을 주고 민주 진영 세력은 차단하는 방향으로 선거제를 개편하였고, 결국 역대 최저 투표율인 30.2%를 기록하며 친중 세력이 전체 의석 90석 가운데 89석을 휩쓸기도 했다.

반환 25주년 기념식에서 취임 선서를 한 홍콩의 신임 행정장관 존 리는 전임 보안국장인데다, 신임 정부 관료 21명 역시 대부분 친중 인사이며 홍콩 민주화 시위 탄압으로 미국의 제재를 받은 인사도 3명이나 포함되어 있었다.

시진핑 주석은 이처럼 친중파 중심으로 지배체제를 재편하고 치안에 초점을 두는 것이 "홍콩의 장기적인 안정과 안보를 유지하는 데에 필수적"인 조치라고 말하며, "결코 타협해선 안 되는" 원칙임을 강조하는 등 중국 정부가 취한 홍콩 통제 조치를 긍정적으로 평가했다.

시진핑 주석은 이번 연설을 통해 앞으로 홍콩 체제가 애국주의를 공고히 하고 베이징에 더욱 충성해야 함을 분명히 했다. 문제는 과연 이러한 지침이 중국의 관문이라는 홍콩의 정체성에 득이 될 수 있는가 하는 점이다.

이번 기념식에서 시진핑 주석뿐만 아니라 존 리 행정장관 역시 홍콩의 경제 성장을 위해 해외 기업의 적극적인 투자와 활동이 필요함을 강조했다. 중국과 홍콩 당국은 친중 인사와 강력한 국가보안법을 통해 홍콩을 중국 본토처럼 사회적으로 안정시켜, 해외 기업이 시위 등의 영향을 받지 않고 기업 활동에 전념할 수 있는 환경을 조성하리란 기대를 했을 것으로 생각된다.

하지만 해외 기업들은 오히려 이처럼 강해지는 중국의 통제와 간섭을 부정적인 정치적 위험으로 판단하고 있다. 지난 6월에 독일 상공회의소가 홍콩 주재 독일 기업을 대상으로 한 조사에 따르면, 2022년 홍콩에 있는 독일 기업체들은 중국이 홍콩에서 조성하는 적대적인 정치적 분위기로 인해 해외 인재를 끌어들이거나 지사를 안정적으로 운영하기가 어렵다고 밝혔다.

조사 대상 가운데 44%의 회사는 코로나19와 관련된 정책으로 인해 직원을 잃었고, 48%의 기업이 홍콩을 떠나는 직원을 붙잡지 못해 어려움을 겪었다고 호소하기도 했다. 이처럼 홍콩 내 기업 환경이 악화되자 33%에 달하는 회사들이 앞으로 12개월 이내에 회사 일부 혹은 전체를 해외로 이전하는 것을 고려하고 있다고 밝혔다.

시진핑 주석이 홍콩의 통제를 강화하기 위해 강조한 애국주의, 친중 세력 권력 장악, 국가보안법 등은 홍콩이 가지고 있던 고유의 장점, 특히 자유로운 기업 환경과 고학력 인재풀과 같은 소프트웨어적 환경에 직접적인 타격을 줄 수밖에 없다. 그만큼 홍콩을 장악하려는 베이징의 시도는 장기적으로 해외 기업과 자본의 이탈을 불러오게 될 것이다.

중국의 홍콩 통제는 경제적인 손해로 그치지 않고 서방 세계, 특히 영국과의 관계에도 장기적으로 악영향을 미치고 있다. 2020년 홍콩 국가보안법이 통과되자 영국은 중국이 홍콩 반환 당시 약속했던 "일국양제" 원칙을 지키지 않는다며 강력하게 비난했다.

홍콩 민주화 시위와 같은 시기에 논란이 된 중국의 신장 지역 위구르족 탄압이 영국에서 크게 논란이 되면서, 영국 보수당 정권의 중국에 대한 태도 역시 적대적으로 돌아서게 했다.

2010년 집권한 보수당은 중국이 경제 대국으로 성장하자 중국과의 경제 협력을 강화하려 노력했고, 실제로 영국 내 고속철도, 원전 건설 사업에 중국이 참여하도록 하는 등 긴밀한 관계를 맺고자 시도했다.

보리스 존슨 전 총리는 중국 내 인권 문제로 중국과 대립하고 있던 2021년에도 비전략적 분야에 대한 중국의 투자를 기대한다고 밝히는 등 중국의 안보적 위협과 경제적 이익을 함께 고려하려는 모습을 보이기도 했다.

하지만 중국의 홍콩 통제 시도가 계속되면서 홍콩 문제를 중요시하는 영국의 대응 역시 점차 강경해지고 있다. 2022년 3월 영국 리즈 트러스 외무부 장관은 중국을 견제하기 위한 정책을 도입하면서, 홍콩 국가보안법 통과 및 집행에 대한 항의로 홍콩 최고 법원인 종심법원 내 영국이 임명한 영국인 국제 판사를 철수시키는 조치를 시행했다.

시진핑 주석의 연설이 있었던 7월 1일, 보리스 존슨 전 총리는 성명을 통해 "우리는 홍콩을 위해 포기하지 않을 것"이라며 "영국은 중국이 홍콩과 홍콩 시민들에게 한 약속을 지키도록 할 수 있는 모든 일을 하겠다"라고 밝혔다.

보리스 존슨 총리의 사임 이후 유력한 차기 총리 후보로 언급되고 있는 리시 수낙 보수당 의원은 장기적으로 볼 때 중국이 영국의 가장 큰 위협이다. 리시 수낙은 자신이 총리가 되면 영국 내 30개 주요 대학에 설립된 중국어와 문화를 가르치는 공자학원을 폐쇄할 것이라고 발표하여 중국 외교부가 이를 비판하기도 했다.

1997년 홍콩 반환 당시로 시간을 되돌려보면, 홍콩이 영·중간에 합의한 "일국양제" 덕에 기존 체제를 유지할 수 있다는 안도감을 표하던 순간도 있었고, 2008년 베이징올림픽처럼 홍콩 시민 역시 자신을 "중국인"이라고 부르며 중국과의 일체감과 소속감을 표하던 시기도 있었다.

하지만 양국이 합의했던 50년의 절반이 이제 막 지난 2022년 현재, 홍콩의 자주권은 심각하게 훼손되고 "일국양제"는 사실상 이름뿐인 상태가 되었다. 중국이 홍콩 내 치안을 회복하며 통제력을 과시하고 확인하는 단기적 성과는 있었겠지만, 이제는 기존 외교적 합의를 어기고 인권과 같은 보편적 가치를 훼손했다는 국제적 비판을 해결해야 하는 숙제를 떠안게 되었다.

화웨이는 어떻게
5G 주도권을 확보했나
수학 인재들의 활용과 지속적인 연구개발

중국의 수학자들은 행렬론, 편미분방정식, 수치해석을 비롯한 여러 분야에서 연구 성과들을 발표하였다. 그리고 중국은 수학의 대중화에 앞장섰던 화뤄겅(华罗庚, 1910~1985), 미분기하학의 대가 천싱선(陳省身, 1911~2004) 등의 걸출한 수학자들을 배출하였고 베이징대학, 칭화대학, 중국과학기술대학을 비롯한 여러 대학에서 수학 인재들을 양성하고 있다.

이들은 학술 연구뿐만 아니라 수학을 응용할 수 있는 여러 분야에 진출하여 자신들의 재능을 발휘하고 있다. 2010년대부터는 수학의 응용을 통해 기술을 구현할 수 있는 5세대 인터넷(5G) 인터넷 통신장비와 5G 기술 연구개발 수요가 발생하면서, 중국의 수학 인재들이 주목받을 수 있는 계기가 마련됐다.

현재 5G 통신장비와 5G 기술에 있어 세계에서 가장 앞서 있다는 평가를 받는 중국 기업 화웨이는 중국의 수학 인재들과 해외 수학 전문가들의 역량과 연구 성과를 활용하여 5G 기술의 발전을 구현하고 있다.

5G 통신장비와 5G 기술에서 화웨이가 다른 업체들보다 앞서가게 된데는 창업주인 런정페이(任正非) 회장이 5G 기술 발전에 있어서 수학의 중

요성을 간파하고 5G 기술의 상용화에 필요한 국내외 수학 연구자들의 연구 역량과 연구 성과들을 활용하는 데 아낌없이 투자했기 때문이다.

런정페이는 화웨이의 5G 기술 연구개발에 유용한 해외 수학자들의 연구 성과들을 발굴하고 이들과의 협력을 통해 5G 기술의 상용화에 앞장서 왔다.

화웨이는 터키 빌켄트대학 에르달 아리칸(Erdal Arikan) 교수의 폴라코드에 대한 연구에서 코딩 성능을 향상시키고 설계의 복잡함을 줄이며 데이터 전송 속도와 안정성에 강점이 있는 폴라코드의 강점을 발견하고 폴라코드를 5G에 활용하기 위한 적극적인 연구개발을 통해 5G가 인터넷과 인터넷 통신장비의 새로운 기술 표준으로 활용될 수 있게 하였다.

그리고 화웨이는 유럽의 수학 강국인 프랑스와 러시아에 수학 연구소를 설립하여 현지 수학자들과의 연구개발을 꾸준히 진행하고 있다. 프랑스에서 화웨이는 2017년부터 2002년에 필즈상을 수상한 프랑스 수학자 로랑 라포르그(Laurent Lafforgue)와 대수기하학을 활용한 연구개발 협력을 진행하고 있다.

또한 화웨이는 러시아 수학자의 2G, 3G 무선 인터넷 기술의 연구개발 성과를 활용하여 유럽에서 4G, 5G 통신장비와 인터넷을 보급하는 성과를 거두었다. 이와 함께 화웨이는 트럼프 행정부의 견제가 본격화된 2019년부터 중국과 해외에서 선도 기술의 연구개발을 할 수 있는 역량을 보유한 천재소년(天才少年)들을 영입하여 화웨이가 필요로 하는 연구개발에 적극적으로 활용하고 있다.

런정페이는 중국에서 화웨이의 수학 인재 활용과 수학을 활용한 5G에서의 성과들을 소개하면서 수학의 중요성을 강조해 왔다. 그로 인해 중국에서는 교사들이 학생들에게 더 많은 수학 문제들을 풀게 하고, 수학에 재능이 있는 학생들에게는 국제수학올림피아드 참가를 위한 학습과 훈련을 권유하는 경향이 발생했다.

그러나 런정페이는 중국 국내의 수학 문제풀이 중심의 교육과 수학올림피아드 입상을 준비하기 위한 교육을 다수의 학생에게 실시하는 은 것이 오히려 창조적인 사고와 추리적 사고의 발달, 사상가의 배출에 도움이 되지 않음을 지적하면서, 중국의 국내 교육의 방향에 대한 몇 가지 제안을 하였다.

우선 유치원과 초등학교에서는 상식적인 지식 교육에 중점을 두어야 함을 강조했다. 런정페이는 논리의 전제는 복잡한 것이 아니라 보편적인 상식이며 탄탄한 상식을 가진 사람이 보편적인 상식을 전제로 활용하여 논리적인 접근을 하고 창의력을 발휘할 수 있음을 지적했다.

그리고 서양에서 논리학을 초등학교 필수과목으로 지정하여 초등학생들에게 가르치고 있는 점을 참고하여 중국의 초등학교에서도 기초 논리학 과정을 개설해야 한다고 주장했다.

이와 함께 그는 학생들이 성인이 되기 전에 변증법에서 다루는 인류 사회의 운영 법칙을 이해하기 쉽지 않기 때문에, 성인의 연령대에 진입한 대학생이 학부 재학 중에 변증법 교육을 받는 것이 효과적이라고 주장했다.

화웨이의 해외 수학 인재 양성과 해외 수학자들의 연구 성과를 활용한 5G 분야에서의 성과 창출은 중국의 다른 하이테크 기업들에게도 미국의 견제를 극복할 수 있는 방안을 제공했다는 데 의의가 있다.

한국과 중국은 5G를 비롯한 여러 분야에서 주요 기업 간에 치열하게 경쟁하고 고 있다. 특히 반도체 분야에서는 미국이 한국, 일본, 대만과의 협력을 통해 중국을 견제하려 하기 때문에 수학과 기초과학의 학술 연구 성과들을 활용한 공동 연구개발을 진행하기가 쉽지 않을 것으로 예상된다.

런정페이의 중국 교육에 대한 제언은 한국의 교육에도 참고할 만한 시사점들을 제공하고 있다. 한국에서도 학생들의 흥미와 장래 희망과 연계되지 않은 성급한 조기 교육이 계속되고 있다.

교육은 공교육이든 사교육이든 학생들의 바람과 자신들의 강점을 살릴 수 있는 방향으로 활용되어야 한다. 가정과 학교는 학생들이 정말 원하고 자신의 적성에 맞는 분야를 선택해서 자신의 진로를 준비할 수 있도록 배려할 필요가 있다.

국내의 대학 학부 과정에서도 수학을 보다 흥미롭고 여유 있게 접할 수 있어야 할 것이다. 현대 사회와 산업에서 수학의 다양한 용도를 접할 수 있는 교양교육 과정들을 개발하고 실행해서 더 많은 학생이 수학에 관심을 가지고 공부할 수 있는 기회를 제공할 필요가 있다.

학생들이 수학에 관심을 갖고 수학을 잘하기 위해서는 자신이 가지고 있는 보편적인 지식을 전제로 논리적인 접근을 할 수 있는 능력, 나아가 자신의 생각을 논리적으로 말하고 글로 쓸 수 있는 능력도 함께 갖추어야 한다.

대학의 학부 과정에 진학한 학생 중에서도 논리학과 논리적인 말하기, 글쓰기에 대한 체계적인 교육과 훈련이 필요한 학생들이 있으므로 이들을 위한 교양교육과 교과 외 수업 커리큘럼의 실행과 활성화도 함께 이뤄져야 한다.

3연임 시진핑,
해결할 과제 적지 않아

권력집중과 부의 재분배 달성 가능할까

시진핑(習近平) 국가주석이 2022년 10월 16일 개최된 '중국공산당 제20차 전국대표대회'(이하 당대회)에서 예상대로 3연임에 성공하였다. 비록 당대회 이전 최고 지도부인 정치국 상무위원회와 정치국을 누가 구성할 것인지 승계와 관련된 변화 예측이 어려워 다양한 논쟁들이 벌어졌었으나, 시 주석의 측근들이 권력을 장악할 것이라는 전망이 우세하였다. 결과는 예상대로 시 주석이 권력의 정점에 섰으며, 이제 시 주석에게는 해결해야 할 수많은 당면 과제들이 있다.

정치국 상무위원회의 구성

20차 당대회 이후 시진핑 국가주석은 당-국가체제인 중국에서 최고의 직위인 '공산당 총서기'와 '공산당 중앙군사위원회 주석' 직위를 유지하면서 3연임을 확정하였다. 이와 더불어 시 주석의 측근들이 최고 지도부인 정치국 상무위원회의 구성에 있어서 압도적으로 승리하였다.

당대회 이전 시 주석의 권력 장악은 예견된 일이었다. 2018년 3월 중국 전국인민대표대회(전인대)가 헌법 개정을 통해 국가주석의 임기 5년을 2회로 제한하는 조항을 삭제하여 시 주석의 3연임을 위한 제도적 기반을 마련했다. 당의 총서기직은 임기 제한이 없을 뿐만 아니라 당의 지도부가 후계자를 지목하지 않았기 때문이었다.

그러나 최고지도부인 7명의 중앙정치국 상무위원회와 25명의 중앙정치국원의 인선은 가장 예측이 어려우면서도 뜨거운 관심을 불러일으켰다. 또한 인선과 관련된 '7상8하(七上八下)' 제도가 유지될지도 관심사 중 하나였다.

'7상8하'는 장쩌민(江澤民) 전 국가주석 시기에 도입되어 당대회 시기에 적용되었던 인선과 관련한 제도로 67세라면 정치국 상무위원이나 정치국원을 유임할 수 있었으나, 68세 이상은 퇴임했어야 했던 연령 제한 관례이다.

결과적으로 '7상8하' 제도는 폐기되었다. 20차 당대회 개최 후 정치국 상무위원인 리잔수(72) 전인대 상무위원장과 한정(68) 국무원 상무부총리는 예상대로 퇴진하였다. 그러나 상무위원 중 68세가 되지 못했던 리커창(67) 국무원 총리, 왕양(67) 전국인민정치협상회의 주석이 퇴진하였으며, 왕후닝(67) 공산당 중앙서기처 서기, 자오러지(65) 중앙기율검사위 서기 등이 상무위원에 유임하였다.

퇴진한 4명의 자리에 리창(63) 상하이 당서기, 차이치(67) 북경시 당서기, 딩쉐샹(60) 중앙판공청 주임, 리시(66) 광동성 당서기 등이 새로운 지도부를 구성하였다. 언론 보도에 따르면 새로 진입한 상무위원들은 모두 시진핑 국가주석의 측근들로 불린다.

또한 정치국원 가운데서도 67세가 넘은 장여우샤(72) 중앙군사위원회 부주석은 유임했으며, 왕이(69) 전 외교부장이 정치국원 겸 공산당 외사판 공실 주임으로 승진했다.

새 지도부의 구성은 시 주석의 권력을 집중시켰으며 향후 정책 결정에 있어서 시 주석의 의견은 견제가 없을 것으로 예견된다.

중국 최고지도부가 해결해야 할 과제들

비록 정치적으로는 권력 집중을 이루었으나, 시진핑 국가주석과 중국의 최고 지도부는 국내외의 여러 정책적 도전에 직면해있다. 중국 사회의 백지시위는 마침내 시 주석이 주도하는 제로코로나 정책을 포기하게 하였다. 그러나 중국의 새 지도부는 오랜 도시 봉쇄 정책이 유발한 경기 침체와 투자, 소비의 감소, 부동산 시장 문제, 실업, 지방 정부 재정 문제와 부채, 그리고 빈부 격차 등의 과제를 해결해야 한다.

무엇보다도 장기간 도시 봉쇄에 따른 전반적 경제의 부진과 부동산시장 위기가 심각하다. 부동산 시장에서 거래가 감소하고 집값이 하락했을 뿐만 아니라 부동산 개발업자의 채무불이행과 건설 공사중단이 발생하고 있고, 부동산 구매자들의 주택담보대출 상환 거부 사태까지 발생했다.

부동산 산업은 중국의 경제 발전에 중요한 영향을 미치며 국내총생산(GDP)에서 높은 비율을 차지하고 있다. 부동산 경기 침체는 중국 지방정부 재정의 상당 부분을 차지하는 토지사용권 매각에 영향을 미치고 있다. 이에 더하여 부동산 산업은 금융, 건설 자재, 소비재 시장, 고용률 및 실업률

과도 직접적으로 연관이 있다.

장기 발전 전략 '공동부유(共同富裕)'

또 다른 문제는 중국의 빈부 격차를 어떻게 줄일지에 관한 것이다. 중국 공산당은 창당 100주년인 2021년 '소강사회(小康社會) 건설'을 통해 농촌이 절대 빈곤에서 벗어났다고 대대적으로 선전하는 한편, 이보다 조금 앞선 2020년 8월 제10차 중앙재경위원회 회의에서 '공동부유' 실현 계획을 제시했다.

공동부유는 소강사회가 목표했던 절대적 빈곤 탈피에서 더 나아가 분배를 통하여 계층 간 불평등을 해결하고 중산층을 확대하는 한 단계 진보한 계획이다. 그러나 최근 몇 년간 경제 성장의 둔화를 극복하지 못하자, 당 지도부는 2021년 중앙경제공작회의에서 공동부유가 장기 발전 전략이라는 점을 이유로 속도 조절을 제안했다.

왜 중국 정부는 소강사회라는 목표를 달성한 반면, 공동부유라는 목표는 연기했는가? 경제 성장은 절대적 빈곤을 극복할 수 있게 해준다. 따라서 중국은 소강사회 목표를 비교적 쉽게 달성할 수 있었다. 하지만 절대적 빈곤과 소득 분배구조에 기인한 상대적 빈곤은 다르다. 당-정은 최근 경제 성장 저하의 문제에 직면하여 재정위기를 피하고 성장잠재력을 약화시키지 않도록 재분배정책인 공동부유 계획을 연기시킨 것이다.

중국의 소득 불평등은 매우 높은 상태로 2000년대 이후 오늘날까지 급격하게 상승해 왔다. 소득 불평등 데이터베이스(SWIID)에 따르면 정부가 소득 불평등을 바로 잡기 위해 재분배에 개입한 이후의 불평등을 의미하는 가처분소득 지니계수가 중국의 경우 2020년 현재 0.47을 기록하며 한국의 0.33이나 미국의 0.40보다 높은 수준을 유지하고 있다. 이에 더하여 중국의 경우, 정부의 개입이 이뤄지기 전 불평등지수를 의미하는 시장소득 지니계수는 최근 공개되어 있지 않다. 따라서 소득 불평등 정도를 줄이기 위하여 정부가 얼마나 노력하고 있는지 측정할 수도 없다.

오랜 기간 중국의 정치적 인권 문제를 지적해온 미국에 대응해 미국의 경제적 인권을 비난해온 중국 정부가 최근 미국에 대한 경제적 인권 비난을 멈추고 인종차별을 지적하며 인권에 대한 담론을 변화시킨 이유이기도 하다.

소득 불평등은 비단 중국만의 문제가 아닌 전 세계적 현상으로 기술의 변화와 세계화가 일정 정도 영향을 미친다. 그러나 중국 내 불평등의 가장 주요한 원인은 덩샤오핑의 '선부론(先富論)'에 의거해 급속하게 성장한 중국 내부의 경제구조에서 기인한다.

공동부유의 강조는 이러한 경제구조의 개선과 정부의 소득재분배 계획을 의미하는 것이다. 높은 경제성장을 기록했지만, 소득 불평등 차이가 급격히 증가하는 악순환이 점차 심화되는 중국의 경제성장은 결코 성공적으로 평가 받지 못할 것이다.

중국의 당-정은 약속한 2035년까지는 불균형의 차이를 줄일 것이다. 그러나 이번 연기로 인해 '고성장-불균등분배' 시대로부터 '저성장-불균등분배' 시대의 기조가 당분간 유지될 것이다.

시진핑 주석의 권력 강화와 한 가지 시나리오

제로코로나 정책을 포기하기 전, 중국 정부는 이미 여러 방면에서 경기부양책을 제시해 왔다. 2021년 여름 이후, 주요 IT 기업에 대해 실시했던 과도한 규제를 완화하기도 했다. 지방정부도 부동산 시장 제한 정책을 완화하고 있다. 그럼에도 불구하고 투자와 소비 심리가 회복되어 지난 몇 년간 발생하였던 경제의 혼란기는 쉽게 극복되지 않을 것으로 예상된다.

당대회 이전 시아오홍쉬(Xiaohong Xu) 미시간대학 사회학과 교수는 시 주석에게 권력이 집중될 것에는 이견이 없으며, 정치국 상무위원회에 일부 시 주석의 측근이 아닌 '비(非)시주의자들'이 남아있을 수 있으나, 그들은 독립적으로 정치적인 영향력을 행사하기보다는 기술 관료로서의 역할을 할 것이라고 예측하였다. 그는 또한 향후 시 주석 측근들을 포함한 엘리트 내부의 분열을 배제할 수 없으며, 앞서 언급한 중국의 여러 문제점은 기술관료들의 레버리지를 강화하고 사회의 동요를 가져올 수 있다고 예측하였다.

20차 당대회를 통하여 시 주석은 정치적으로는 덩샤오핑이 구축해놓은 집단지도체제와 정치 계승의 제도화로부터 권력 집중으로의 변화를 완성하였다. 경제적으로는 성장을 우선으로 하는 선부론으로부터 소강사회와 공동부유를 강조하는 재분배정책으로의 전환을 제시하고 있다.

이제 시 주석이 제시한 목표를 달성하고 당면한 문제를 어떻게 극복하느냐에 따라 당-정이 강조하는 사회의 안정뿐만 아니라 정치적 안정 유지를 이룰 수 있을 것이다.

신금미
2022. 11. 18.

시진핑이 그리는 '신시대(新时代) 중국', 우리의 대안은?

2022년 10월에 열린 중국 공산당 제20차 전국대표대회에서 시진핑(习近平) 국가주석의 3연임이 확정됐다.

그간 중국의 국가주석 임기는 한 번의 연임만을 허용한다는 헌법 규정에 따라 10년이었다. 하지만 2018년 3월에 개최된 제13기 전국인민대표대회에서 헌법 개정으로 '3연임 금지 조항'이 삭제되면서 장기집권이 가능하게 되었고, 예상대로 시 국가주석의 3연임이 현실화되었다.

시 국가주석의 3연임은 단순 임기 5년 연장이 아닌, 향후 중국의 모습이 이전과는 다를 것을 의미한다는 점에서 매우 중요하다. 국가주석의 3연임은 마오쩌둥(毛泽东) 시대를 제외하고 중화인민공화국 역사에 있어 유례없는 사건으로 새로운 중국이 시작될 것이라는 신호로 볼 수 있기 때문이다.

미우나 고우나 중국은 우리나라의 최대 무역파트너이다. 새로운 시대에 접어들 중국을 더욱 면밀히 관찰하고 공부하여 깊이 이해할 필요가 있다.

2017년 '시진핑 사상' 당헌 수록

지금으로부터 5년 전인 2017년 10월, 중국 공산당 제19차 전국대표대회에서 시진핑 국가주석의 공산당 지도이념인 '시진핑 신시대 중국 특색 사회주의 사상'이 당헌에 수록됐다. 줄여서 '시진핑 사상'이라고 한다. 이를 통해 새로운 시대에 접어들 중국의 모습을 그려볼 수 있겠다.

중국의 역대 지도자는 모두 본인이 세운 공산당 지도이념이 있다. 지도이념은 공산당의 행동강령으로 승계·발전되나 중요도에 따라 사상, 이론(론), 관 순으로 표기되며 지도자의 권력 크기에 따라 이름이 붙는다.

역대 지도자의 지도이념을 보면, 마오쩌둥 사상, 덩샤오핑(邓小平) 이론, 3개 대표론, 과학적 발전관, 시진핑 사상이 있다. 3개 대표론의 장쩌민(江泽民), 과학적 발전관의 후진타오(胡锦涛) 전 국가주석은 이름을 올리지 못했으나 시진핑 국가주석은 이름은 물론 마오쩌둥 사상 이래 유일하게 사상으로 채택되어 덩샤오핑 이론보다 한 단계 더 높다는 것을 알 수 있다.

이는 매우 의도된 것으로 볼 수 있다. 중국 특색 사회주의를 처음 제시한 이가 덩샤오핑이다. 지금의 중국을 있게 한 덩샤오핑보다 시 국가주석을 더 높이 평가함으로써 "덩샤오핑의 중국 특색 사회주의가 아닌 시진핑이 이끄는 새로운 중국 특색 사회주의로 이전보다 더 나은 중국이 될 것이다"라는 신호탄을 쏘아 올린 것이다.

중국 특색의 사회주의란?

중국 검색 포털 바이두(百度) 백과사전에서 설명하고 있는 중국 특색 사회주의를 간략히 정리하면 다음과 같다.

과학적 사회주의의 기본 원칙과 중국의 현실이 결합된 산물로, 중국 공산당이 영도한다는 것이 가장 본질적인 특징이다. 중국 특색 사회주의 이론 체계는 마르크스 사상의 중국 현실화를 위한 것으로 덩샤오핑 이론, 3개 대표론, 과학적 발전관, 시진핑 신시대 중국 특색 사회주의 사상을 포함한다.

이를 통해 중국 특색 사회주의가 칼 마르크스의 공산주의 사상에서 왔음을 알 수 있다. 기계화로 사회가 산업화할수록 사회 불평등과 부의 불균형이 나타나고 자본가와 노동자 간의 갈등이 심화되면서 심각한 사회 문제가 초래되자 칼 마르크스는 문제 해결을 위한 대안으로 공산주의를 제시했다. 공산주의는 사유재산이 인정되는 자본주의 경제체제에 대응하는 경제체제로서 사회 전체의 재산이 공동의 것이므로 사유재산이 인정되지 않는다.

칼 마르크스는 사회발전을 다섯 단계, 즉 원시 공동 사회 → 고대 노예 사회 → 중세 봉건 사회 → 근대 자본주의 사회 → 공산주의 사회로 구분하였다. 또한 자본주의가 고도로 발달한 사회에서는 자본가와 노동자의 양극화 발생으로 프롤레타리아(노동계급) 혁명이 발생하여 자본주의 사회가 붕괴되고, 공산주의 사회가 도래할 것이라고 설파했다.

원래 중국 특색 사회주의는 마오쩌둥이 마르크스-레닌주의를 중국의 현실에 맞게 창시한 마오쩌둥 사상이었다. 그러나 극심한 빈곤에 시달리

던 중국 경제를 살리기 위해 덩샤오핑이 바꾼 것이다.

덩샤오핑은 칼 마르크스의 사회발전 다섯 단계를 들며, 중국은 자본주의가 발달하지 못했으므로 자본주의를 도입한 후 공산주의를 실현하자는 사회주의 초급단계이론을 제시함으로써 중국 사회주의에 자본주의 시장경제를 도입했다. 중국 경제의 근간이 된 사회주의 시장경제를 통해 중국은 막대한 부를 거머쥐었다.

신시대 중국 특색 사회주의

막대한 부를 거머쥔 중국이기는 하나, 내부적으로 많은 문제점을 안고 있는 것이 현실이다. 중국은 엄연한 사회주의 국가이지만 경제를 살리기 위해 자본주의의 시장경제를 받아들였다. 그렇다 보니 자본주의 사회에서 발생한 폐단이 사회주의 국가인 중국에서도 그대로 발생했다. 즉 사회 불평등, 지역 간 부의 불균형, 계층 간 부의 불균형, 부정부패 등이 매우 심각하다.

칼 마르크스의 사회발전 5단계에 따르면, 공산주의 사회로 가기 위해서는 프롤레타리아 혁명을 통한 자본주의 사회의 붕괴가 있어야 한다. 하지만 중국은 사회주의 국가이다. 자본주의를 인정하지 않는다. 자본주의가 고도로 발달한 사회가 만들어질 수 없다. 따라서 자본주의 사회에서 나타나는 폐단은 있을지언정 사회 붕괴는 있을 수 없다.

사회 붕괴 없이 공산주의 사회로 나아가기 위해서는 다른 무언가가 필요하다. 앞서 중국 특색 사회주의의 가장 본질적인 특징이 '공산당의 영도'라고 했다. 신시대 중국 특색 사회주의는 '적극적인 공산당의 영도'가 특징이라고 할 수 있을 것이다.

시진핑 국가주석은 덩샤오핑의 중국 특색 사회주의로 인해 발생한 부정부패를 척결함으로써 국민들로부터 큰 인기를 얻었고, 빈부격차 해소를 위해 힘쓴 결과 절대 빈곤에서 벗어나 2021년 전면적인 샤오캉 사회(小康社会)를 건설했다고 평가했다.

그리고 2049년까지 미국을 뛰어넘는 선진국인 따통 사회(大同社会) 건설을 위해 박차를 가하고 있다. 따통 사회는 덩샤오핑이 계획한 것으로 공산주의 사회를 의미한다.

'시진핑 신시대 중국 특색 사회주의 사상'에 입각하여 향후 중국 정부와 당의 개입이 내부적으로는 공동의 이익 차원에서, 외부적으로는 국가의 이익 차원에서 강하게 이뤄질 것이다.

우리는 이미 신시대 중국 특색 사회주의를 언론을 통해 접한 바 있다. 바로 공동부유이다. 공동부유(共同富裕)는 '같이 잘 살자'라는 의미이다. 의미는 참 좋다.

하지만 공동부유 실현을 위한 방법이 경제를 짊어질 기업의 입장이나 투자자의 입장에서 보면예측불가라고 할 수 있다. 다시 말해, 공동부유는 안정적이지 못해 사회와 경제 발전에 오히려 걸림돌이 될 수 있다.

그러나 이에 대한 경중을 어떻게 두느냐에 따라 중국의 정부와 당의 접근은 달라질 것이다. 경제보다 빈부 격차 해소에 중점을 둔다면 공동부유와 유사한 정책은 또 나올 것이다.

체질은 쉽게 바뀌지 않는다. 부단한 노력을 통해서만이 바뀐다. 우리의 무역과 산업 체질이 바뀌지 않는 이상 중국은 변함없는 우리의 중요한 무역파트너이다. 중국 체제에 대한 불확실성이 높아지고 있는 상황에, 우리가 유연하게 대처하기 위해서는 그 어느 때보다 중국을 다각적으로 살펴봐야 한다.

김주용
2022. 11. 25.

한국과 중국
마지막 황제들의 마지막 길

인생의 마지막 예우, 장례식

한 시대 주요 인사의 죽음이 지니는 의미는 아주 크다. 지난 9월 영국의 엘리자베스 여왕이 사망하였다. 전 세계는 대서특필하며 그의 죽음을 애도하였다. "민주 공화정 시대에 왕정이라니"하며 갸우뚱거릴 수도 있지만, 어찌 되었든 그는 영연방의 상징적인 존재였고, 아직까지도 왕정을 바라보는 시각이 '외경'과 부러움의 교차점 사이 어디쯤에 있을지도 모르겠다. 하여튼 이 장례식의 조문으로 인해 한국 사회도 한차례 들썩였다.

융희 황제의 전통장례식(?)

역사적인 상황에 따라 인류는 죽음을 기억하고 기념하는 방식이 다르다. 대한제국의 마지막 황제였던 순종(융희 황제)의 장례식은 어떠하였을까. 독립운동사에서는 순종의 장례식과 6.10만세운동을 연결하여 언급하는 일이 많다. 1919년 고종의 장례식을 계기로 "독립 선언"이라는 거대한 민족적 불길은 한반도 전국은 물론이거니와 전 세계 곳곳으로 번져갔다. 제국주의 일본은 그날의 트라우마를 품고 있었다. 6.10만세운동은 비록 조선총독부가 사전에 이를 탐지하고 방해하였기 때문에 3.1운동과 같은 큰 반향을 일으키지는 못했다. 그럼에도 불구하고 일제는 순종의 장례식을 식민지의 공고화로 역이용하고자 했다.

순종은 1874년 출생하여 1926년 4월 25일에 사망하였다. 그는 고종과 민비(후일 명성황후) 사이에서 태어난 자녀 가운데 유일하게 장성한 인물이기도 하다. 조선왕조는 그가 태어난 시기부터 서세동점의 국제적 분위기 속에서 위난의 상황에 처해 있었다. 그는 1895년 어머니를 여의는 아픔을 겪었고, 1898년 이른바 김홍륙의 독살사건 때 다량의 아편이 든 커피를 마신 후유증으로 평생 좋지 않은 건강 상태로 생을 영위하였다. 1910년 8월 29일 나라의 운명이 제국주의 일본에 송두리째 넘어가는 비참한 참상을 직접 목도하였으며, 부친 고종은 1919년 1월에 사망하였다. 그로부터 불과 7년 뒤인 1926년 4월 25일 그도 영원히 세상과 이별을 고했다.

순종의 장례는 국장으로 진행되었다. 당시 모든 권한은 제국 일본이 쥐고 있었다. 일반적으로 조선 시대의 국장은 5개월간 장례를 치루고 다시 궁에서 3년상을 치룬 뒤 신주를 종묘에 봉안하는 것이었다. 하지만 일제강점기의 국장에는 일본식 개념을 차용하였다. 순종의 국장은 일본 국내성에서 관장하였는데, 이는 대한제국이 '식민지'임을 확실하게 각인시키기 위함이었다. 그래서 순종의 국장은 일본의 신도(神道)가 포함된 근대의 일본식 국장과 조선식 국장이 결합된 형태를 보였다. 예컨대 '전통적인' 국상에는 없는, 오늘날의 영결식과 같은 봉결식이 거행되기도 했으며, 장례곡이 연주되기도 하였다. TV나 영화에서 자주 보는 조선 시대 국상의 첫 장면은 신하가 궁궐 지붕에 올라가 고인이 된 왕의 혼을 부르며 사망 소식을 알린다. 이를 '복(復)'이라 한다. 초혼의식을 해야만 발상(發喪)이 되고, 시신을 수습해서 빈전에 모시는 절차를 밟을 수 있다. 하지만 순종은 하루 늦게 발상이 이루어졌다. 일본 국내성이 순종이 사망한 하루 뒤에 승하 소식을 발표했기 때문이다. 여러 논란을 뒤로 하고 순종의 발인은 6월 10일로 정해졌다.

1926년 6월 10일 발인에는 상여꾼 3,000명이 동원되었다. 큰 상여가 빈전을 떠나 동대문 근처 훈련원에 차려진 봉결식장에서 오늘날의 영결식과 같은 행사가 진행되었다. 봉결식 후 노제를 지내고 나서 오후 1시에 큰 상여가 출발하여 청량리를 거쳐 지금의 남양주 금곡에 도착한 시간은 밤 10시였다. 다음 날 하관을 거행하고 6월 12일 창덕궁에 우주(虞主)를 봉안하는 것으로 순종의 모든 국장은 마무리되었다.

순종의 국상과 독립운동

비록 망국의 황제였지만 그의 비보가 전해지자 각계각층에서는 추모의 물결이 이어졌다. 특히 융희 황제의 승화를 기회로 독립운동의 기운이 고조되었다. 독립운동가 송학선은 당시 조선 총독이었던 사이토 마코토(齋藤實)를 척살하기 위해 이른바 금호문 의거를 단행하였다. '식민 통치'의 상징이었던 조선 총독 사이토가 4월 28일 조문을 위해 궁에 온다는 소식을 들고 금호문에서 기다리다가 그를 척살하려고 한 것이다. 하지만 송학선이 척살한 인물은 경성부협의회 의원 사토 토라지로(佐藤虎次郎)였다. 송학선의 단독 의거에 전국이 술렁거렸으며, 조선총독부는 물론 일본 내에서도 팽팽한 긴장감이 맴돌았다.

이렇듯 독립운동계에서는 고종의 장례식을 기회로 3.1독립선언을 기획했던 것과 같이 순종의 국상일인 6월 10일 거족적 만세운동을 시행하려고 했다. 하지만 6.10만세운동은 제국주의 일본의 철저한 봉쇄와 탄압으로 소기의 성과를 거두지는 못했다.

대한제국의 마지막 황제였던 융희 황제의 승하 소식은 망국인의 슬픔과 분노로 표출되었다. 융희 황제에게는 일본으로 주권을 넘긴 역사적 과오가 주홍글씨처럼 따라다니고 있었지만, 그럼에도 당시 조선인들은 그의 죽음을 인간적으로 진정 슬퍼하였으며, 그의 장례식을 독립운동 전개로 승화시키고자 계획까지 세웠다. 그 계획은 비록 실패하였지만, 그 후에도 '민(民)'들은 굴하지 않고 끊임없이 독립운동을 전개하였고, 마침내 1945년 8월 15일 해방을 맞이하게 된 것이다.

중국 마지막 황제 푸이의 일생과 죽음

중국 절대왕조의 마지막 황제 푸이(溥儀)는 1906년 2월 7일 북경에서 출생했다. 그는 평생 세 차례나 황제의 자리에 올랐다. 1908년 세 살의 나이에 청나라 황제인 선통제(宣統帝)가 되었는데, 그 3년 뒤 신해혁명이 일어나면서 황제의 자리에서 물러나게 되었다. 그는 청의 마지막 황제였지만, 더 이상 절대권력자가 아니었기 때문에 북경에서 멸망한 왕조의 끝자락을 잡고 있었다. 다만 중화민국에서는 청 황실에 대한 예우 조건을 내걸며 그의 편의를 봐주었다.

푸이는 1917년 캉유웨이(康有爲) 등이 벌인 복벽운동으로 12일간 잠시 황제로 추대되기도 하였지만, 1924년 11월 5일 펑위샹(馮玉祥)에게 자금성으로부터 추방되었으며 황제 칭호도 박탈당했다. 그는 부인 완롱(婉容)과 함께 일본 공사관으로 피신하였고, 1925년 2월 23일 일본 공사관의 비호 아래 상인으로 변장하여 텐진으로 갔다. 그의 나이 20세의 일이다.

텐진에서는 일본 조계인 장원(張園)에서 잠시 지내다가 다시 정원(靜園)으로 주 거처를 옮겼다. 푸이는 7년간 텐진에서 황제 부럽지 않은 호화로운 생활을 영위하며 일본과의 친밀도를 높였다.

1932년 3월 9일 섭정, 1934년 3월 1일 만주국 황제, 그리고 제국주의 일본의 패망을 겪은 푸이는 푸순전범관리소에서 오랜 기간 '중생(重生)'의 뼈저린 시간을 보내야만 했다. 1959년 12월 푸이는 푸순전범관리소에서 나와 베이징에 도착해서, 1960년 1월 6일 저우언라이(周恩來) 총리를 면담하였고, 2월 정협문사전원에 임명되었으며, 1964년 정협위원에 당선되었다. 중화인민공화국에서는 '황제'가 '공민'이 되었음을 널리 선전하였다. 그것도 사상개조를 받은 중국 공문의 상징적 존재가 된 것이다. 푸이는 제2차 세계대전 이후 중화인민공화국이 전범을 어떻게 다루었는지를 보여주는 인물로 각인되었다.

중국의 존엄한 황제에서 평범한 공민으로 살아가던 푸이는 1967년 10월 17일 베이징에서 사망하였다. 당연히 그의 장례는 전통적인 황제의 장례가 아니었다. 문화혁명기라는 시대상황 속에서 그의 유해는 화장한

후 국립묘지인 빠바오산(八寶山) 묘지에 안장되었다. 1995년 푸이는 선대가 묻혀있던 청의 서릉(西陵)으로 이장되었다. 살아서는 청의 선통제였지만, 죽어서는 능호를 받지 못했다.

.

민주 공화정에서 황제를 생각하다

중국 난징에는 신해혁명의 주역 쑨원(孫文)의 묘가 있다. 그런데 그 묘의 이름은 중산릉(中山陵)이다. 절대왕정을 무너뜨리고 새로운 세상을 만들기 위해 신해혁명을 주도했으며, 그로 인해 태어난 중화민국의 대총통이었던 쑨원이 죽어서는, 그의 묘가 절대왕정의 황제와 같은 '능(陵)'으로 불리게 되었으니 아이러니하지 않겠는가? 물론 쑨원이 자신의 묘를 능으로 명명하라고 유언장에 명시하지는 않았을 것이다. 현대사에서도 그 국가의 최고지도자를 영생불멸의 존재로 신격화하기도 했다. 안타까운 일이지만 사실이고 현실이다. 민주 공화정은 오랜 시간 피의 대가를 지불하고 인류가 쟁취한 고귀한 정치체제이다. 최고지도자는 그 권한을 국민에게서 위임받은 것이다. 태어날 때부터 황족이었던 구시대의 지도자가 아니다. 그래서 더욱 애민(愛民), 양민(養民), 안민(安民)으로서 새로운 시대의 가치를 더욱더 높이는 존재로 빛나야 하지 않을까. 한 왕조의 마지막 황제가 '최고 존엄'에서 평민의 나락으로 떨어졌다고 그 비참한 운명을 안타까워할 일이 아니다. 그들로 인해 더욱 고통받고 비참했던 것은 민들의 생활이었다. 이것은 오늘날에도 여전히 유효한 역사적 교훈이다.

김현주
2022. 12. 2.

중공 20차 당대회에서 제시된 "전과정 인민민주"라는 이름의 중국식 민주주의

2022년 10월 개최된 제20차 중국 공산당대회에서 중국 공산당은 "전과정 인민민주"를 중국식 현대화의 중요한 내용이라고 밝혔다.

"전과정 민주"라는 개념은 2019년 11월 2일 상하이시 창닝구를 시찰하던 시진핑 총서기가 처음으로 제기한 개념이다. 이후 2021년 〈중화인민공화국 전국인민대표대회 조직법〉 수정 초안과 〈중화인민공화국 전국인민대표대회 의사규칙〉 수정 초안에는 "전과정 민주"라는 표현으로 삽입되었고, 2021년 7월 1일 중국 공산당 성립 100주년 대회에서는 "전과정 인민민주"라는 개념으로 표현되어 다시 언급되었다.

그렇다면, 전과정 인민민주란 무엇인가?

전과정 인민민주는 사회주의 민주정치의 본질적인 속성이라고 불리는 것처럼, 중국식 민주주의의 중요한 내용이다. 주목해야 할 부분은 "전과정"이라는 개념과 "인민"이라는 개념이다. 그런데 후자의 "인민"이라는 개념은 중국 공산당이 성립 초기부터 줄곧 강조해오던 개념이라 중국 정치에 관심이 있는 사람이라면 누구에게나 익숙한 개념이라는 것이다. 그리고 "인민을 중심으로 한다", "인민을 근본으로 한다"라고 강조해오던 기존의 입장을 다시 한번 강조한 것이라 할 수 있다.

새로운 개념은 바로 "전과정"이라는 표현이다. 이것은 서양식 민주주의에 대해 비판하면서 중국식 민주주의를 차별화하기 위한 수식어라는 것을 알 수 있다. 중국은 서구 민주주의를 최소화된 민주주의라고 부르며, 경쟁적 선거를 민주주의로 이해하고 있다고 비판해왔다. 그들에 따르면, 민주주의라는 것은 인민이 참여해야 하는데, 서구 민주주의는 선택된 소수 정치엘리트만의 경쟁이라는 것이다. 그런 최소화된 민주주의와 중국식 민주주의는 확연히 달라야 했다. 그렇게 태어난 것이 "전과정 민주주의"이다.

중국은 전과정 인민민주가 중국적 특색을 보여주는 것이라고 얘기한다. 그 이유는 전과정 인민민주에서 가장 중요한 것이 바로 공산당의 영도에 있기 때문이다. 모든 과정(전과정)에서 중국 공산당이 인민을 이끌어 민주주의를 실현한다는 말이다. 서구 민주주의에서 정당은 하나의 이익집단으로서 스스로의 이익을 대표하고, 그 정당을 지지하는 사람들로 구성된다. 이렇게 서구 민주주의가 인민 일부만을 대표하는 것과 달리, 중국 공산당은 모든 인민의 이익을 대변한다고 얘기한다. 또한 서구에서 민주주의적 과정은 정당과 정당, 개인과 개인이 서로를 밟고 일어서야 하는 것이기 때문에 언제나 제로섬게임에 빠지게 된다고 말한다. 그 반면에 전과정 인민민주는 협력적 거버넌스를 통해 공통된 인식을 끌어내고, 그 과정에서 최대 공약수를 뽑아내는 민주주의라고 강조한다.

전과정 인민민주는 어떻게 이루어지는 것일까?

전과정 인민민주가 실현되려면, 우선 전체 인민이 모두 민주적 과정에 참여해야 한다. 그리고 둘째, 모든 인민이 민주주의의 모든 과정에 참여해야 한다. 그것이 어떻게 가능할까?

전체 인민이 정치에 참여할 수 있는 수단으로 제시된 것이 바로 인민대표대회이다. 인민대표대회를 통해 인민의 의사를 들어보고, 인민의 지혜를 모으겠다는 것이 중공의 방안이다. 그 과정에서 협상민주가 이루어지도록 해야 하는데, 협상민주는 한국의 국회에 해당하는 인민대표대회뿐만 아니라 정부, 정치협상회의, 그리고 기층의 여러 사회조직에서도 행해진다. 그중에서도 무엇보다 강조되는 것은 기층민주이다.

중국에는 현, 시 등 큰 행정조직부터 향, 촌과 같은 작은 행정조직까지 다양한 행정조직이 있다. 이 모든 범위에서 기층민주가 실현되어야 한다. 특히 중요한 것은 가장 작은 단위인 촌의 자치이다. 촌민이 자신이 사는 촌을 스스로 그리고 민주적으로 관리하는 것이 바로 기층민주이다. 아무리 작은 단위라도 "5인 소조"가 있고, 그들이 촌을 자치적으로 관리한다. 5명으로 이루어진 5인 소조는 당의 크고 작은 모든 조직의 핵심지도자 그룹이라고 보면 된다. 촌을 이끌어 갈 5명은 협의를 통해 뽑기도 하고, 선거를 통해 뽑기도 하며, 촌장과 촌의 당위원회 위원장 등 지도자들에 의해 뽑기도 하는 등 다양한 방식으로 구성된다. 촌마다 다르기는 하지만, 어떤 촌에서는 민주적인 방식으로 자신의 지도자를 뽑는다는 점에서 5인 소조의 구성이 민주적이라 할 수 있다. 그러나 그 점이 중요한 포인트는 아니다. 이전에는 촌장이나 촌의 당 서기 혼자 촌의 모든 일을 책임졌다면, 5인 소조는 5명이 집단으로 책임을 지게 되는 시스템이다. 1명이 아니라 5명, 그러니까 여러 명이 촌을 대표한다는 점에서 '민주적'이라고 말해진다. 또한 혼자만 책임지던 것보다 정책 결정과 집행에 있어서 신중해지고 엄격해진다는 점에서 인민의 의사를 더 잘 반영할 수 있고, 인민의 이익을 좀 더 잘 실현할 수 있다는 점에서 '민주적'이라고 한다.

전과정 인민민주에서는 절차보다 결과가 중요하다

중국식 민주주의는 우리에게 "민주주의는 무엇인가?"라는 질문을 던진다. 우리는 몇 년에 한 번씩 치러지는 선거를 통해 우리의 대표를 뽑는 것을 민주주의라고 여겨왔다. 국민의 의사가 반영되든, 반영되지 않든 선거에서 정치적 성향이 다른 대표로 갈아치우는 것으로 민주주의 국가에 살고 있다고 자부해왔다. 우리가 너무나 절차적인 민주주의에 익숙해졌기 때문에 그것을 곧 민주주의 그 자체라고 여겨온 것이다. 중국은 한국은 물론 미국이나 유럽의 민주주의 국가에게 "너희들의 민주주의가 진짜 민주주의인가"를 되묻는다. 그리고 중국의 민주주의야말로 진짜라고 말한다.

중국식 민주주의는 절차보다는 결과를 중시해왔다. 전과정 인민민주는 서구 민주주의가 내세우는 절차를 나름대로 보완한 것이지만, 그래도 결과를 더 중시한다. 모든 정치적 과정을 통해 인민의 의사를 제대로 실현하고, 인민에게 행복한 삶을 가져다줄 것이라고 선전한다. 중국 공산당은 언제나 인민의 "아름다운 삶에 대한 꿈"을 실현해주고자 한다고 얘기한다. 그리고 중국의 전통적 민본사상을 현대적으로 실현한 것이라고 말한다.

그런 중국식 민주주의에 대해 우리는 "그것이 정말 인민의 행복을 위한 것인가?"라고 되받아치지만, 그런 질문은 우리 스스로에게도 해야 할 것이다. 우리는 선거와 투표, 그리고 이런 저런 민주적 절차들을 통해 국민의 행복을 실현하고 있는가라고 말이다. 중국식 민주주의는 우리에게 민주주의란 무엇인가, 어떤 민주주의를 원하는가 등에 대한 여러 근본적인 질문을 던져준다. 정치란 언제나 해오던 대로 하는 것이 아니라, 시간이 지나고 상황이 바뀌는 것을 고려하여 어떻게 하면 그 구성원들에게 더 좋은 삶을 보장해줄 수 있는지를 논의하는 것이다. 누가 봐도 권력 싸움의 진흙탕이 되어버린 우리의 국회를 보면, 그런 고민을 하고 있는지 의문이 든다. 중국식 민주주의가 갖고 있는 문제가 우리의 민주주의와는 무관한지 생각해봐야 한다.

4부

중국 내 위기 – 사회, 문화

베이징 올림픽 개막식, 한복보다 더 문제됐던 건

시작 전부터 삐걱거린 베이징 동계올림픽

2022 베이징 동계올림픽을 보는 대다수 국민들의 마음이 편치 않다. 개막식 행사에 한복(韓服) 차림의 여성이 등장하면서 심기를 불편하게 하더니, 주최국에 유리하게 작용한 편파적 판정 등 잡음이 끊이지 않고 있다. 사실 이번 동계올림픽은 미국 등 서방 국가의 문제 제기로 시작 전부터 삐걱대는 모습을 보였다. 위구르족의 인권침해를 이유로 미국 등이 '외교적 보이콧'을 선언하였음은 널리 알려진 대로이다. 서방에 반격하기 위해 일부러 그러한 것인지 알 수 없지만, 중국은 성화 봉송 최종 주자로 위구르족 스키선수를 내세웠다.

위구르족의 현재

2020년 11월 실시된 인구센서스 결과에 따르면 중국 경내 거주 위구르족은 11,774,538명이다. 중국 55개 소수민족 가운데 네 번째로 인구가 많다.

위구르족은 신장위구르자치구(新疆維吾爾自治區)에 주로 거주하고 있다. 그 가운데서도 텐산산맥(天山山脈) 이남, 타림분지(塔里木盆地) 주위의 오아시스가 위구르족의 집거 중심이다. 중국 내지의 후난성(湖南省) 타오위안현(桃源縣)과 허난성(河南省) 민츠현(澠池縣)에도 소수의 위구르족이 거주하고 있다. 이들은 몽골제국(원) 시기에 중원으로 이주한 이들의 후손이다.

위구르족 명칭의 의미와 변화

위구르는 민족 자칭으로 '단결', '연합' 등의 뜻을 지니고 있다. 한자로 기록된 사서에는 시기에 따라 위구르족의 이름이 각기 다르게 등장한다. 기원전에는 정령(丁零) 혹은 정령(丁令)으로 기록되었다. 서기 4세기의 문헌에는 원흘(袁紇), 6~7세기에는 위흘(韋紇)로 기록되었다. 788년 이전에는 회흘(回紇), 788년 이후부터 1270년까지는 회골(回鶻), 1270년 이후부터 1640년대까지는 외올아(畏兀兒)로 표시되었다. 1935년 이후부터는 웨이우얼(維吾爾)로 표기되는데, 이는 외올아의 음역이다.

위구르족의 등장

위구르족은 수천 년 전부터 역사 무대에 등장한 유구한 전통을 가진 민족이다. 그들의 족원(族源)은 기원전 3세기 무렵 바이칼호 이남, 몽골초원 사이의 지역에서 유목 생활을 하던 정령에서 찾을 수 있다. 일부 학자들은 위구르족이 기원 전후 무렵 북방의 최강자였던 흉노와 혈연관계에 있다고 주장하기도 한다.

독립왕국 건설

서기 4세기 이후 정령은 철륵(鐵勒), 철력(鐵曆), 적륵(赤勒) 등으로 불리기도 하였다. 이 무렵 그들은 서쪽으로는 볼가강에서, 동쪽으로는 흥안령(興安嶺)에 이르는 동서로 1만여 리에 달하는 광범한 유라시아 북부초원에서 생활하였다.

6세기 중엽 이후 위구르족의 조상들은 몽골초원 전체와 현 신장의 서북부인 준가르분지(准噶爾盆地)를 아우르는 광대한 영역을 통치하는 돌궐칸국(突厥汗國)의 지배를 받았다. 돌궐귀족들의 잔혹한 통치가 이어지자 위흘(韋紇) 등 비교적 큰 9개 부락이 연맹을 결성하여 반항하였다. 이들은 744년 돌궐칸국을 무너트리고 막북회흘칸국(漠北回紇汗國)을 건립하였다. 이때부터 회흘(回紇)이라는 민족 명칭으로 불리게 되었다.

당(唐)을 구원한 위구르

회흘칸국과 당의 관계는 매우 밀접하였다. 회흘의 역대 칸은 모두 당의 책봉을 받았다. 그렇다고 회흘이 당의 속국이거나 지방정권은 아니었다. 거의 비슷한 시기 당의 책봉을 받았으나 독립왕국으로 존재하였던 발해(渤海)의 역사와 흡사한 면을 보여준다.

당과 우호적인 관계를 유지하고 있던 시기, 회흘은 두 차례 중국 내지에 출병하여 위기에 처한 당을 돕기도 하였다. 788년 회흘의 칸은 당에 국서를 보내 '송골매가 공중을 선회하는 날렵함'을 본따 회골(回鶻)로 이름을 바꾸겠노라 청하였다.

전성기를 지나 쇠락기로

840년 회골은 힐알사(黠戛斯, 키르키스족)에게 패하여 뿔뿔이 흩어지게 되었다. 대부분은 서역으로 이주하여 현재 위구르족이 거주하고 있는 지역에 정착하였다. 9세기 말, 회골인들은 고창회골왕국(高昌回鶻王國)을 건립하였다.

여기에 그치지 않고 10세기 중엽에는 주변의 여러 민족과 연합하여 강대한 카라한왕조(喀喇汗王朝, Qara Khanid)를 건립하였다. 극성시기 최대판도는 현재의 우즈베키스탄, 키르키스스탄, 타지키스탄과 카자흐스탄 남부 및 신장 중서부까지 포함하였다.

12세기 초부터 회골은 서요(西遼)라 불린 거란인 정권의 통치를 받게 되었다. 서요 말기 몽골이 점차 강성해지자, 회골은 몽골에 복속하여 서요의 통치에서 벗어나고자 하였다. 결국 서요의 굴레에서 벗어나기는 하였으나 몽골제국의 지배를 받게 되었다.

강제적 중국 편입

신장 일대 이슬람교가 종파 싸움에 휩싸여 있던 1678년, 신장 북부 준가르칸국(准噶爾汗國)의 갈단칸(噶爾丹汗)이 위구르인 수령의 인도하에 부대를 이끌고 남하하여 신장 남부에 정교합일적 괴뢰정권을 수립하였다. 이들이 소요를 일으키자 건륭제(乾隆帝)는 1757년 준가르, 1759년에는 신장 남부를 평정하였다. 이로써 위구르족은 청의 통치를 받게 되었다. 이에 맞선 위구르족의 무장투쟁이 19세기 초엽까지 지속되었다.

19세기 중엽 중국 내지가 혼돈상태에 빠져들고, 서남과 서북지역에서도 기의가 연달아 발생하였다. 그 영향으로 1864년 신장에서도 위구르족을 주축으로 반청 농민기의가 폭발하였다.

1884년, 반란을 평정한 청은 위구르족 거주지역을 성으로 승격시키고 '새로운 영토'라는 의미의 신장(新疆)으로 명명하였다. 이후 신장과 내지의 관계가 더욱 긴밀해지면서 위구르인의 위치도 전과는 달라지고 있었다.

여타 소수민족과는 다른 위구르족의 역사

중국에는 55개 법정 소수민족이 존재한다. 각 민족의 역사 연원, 중국의 일원이 된 경로는 각기 다르다. 윈난(雲南)과 꾸이저우(貴州) 등 서남 지역 거주 소수민족은 기원전부터 중국 역대 왕조의 직간접적인 지배를 받아왔다. 조선족처럼 살길을 찾아 스스로 중국 땅에 발을 디딘 경우도 있다.

대부분의 소수민족과는 달리 위구르족은 과거 강력한 독립왕국을 건설하고 독자적인 역사발전의 경험을 가진 민족이다. 그들의 오랜 삶의 터전은 청대 중엽 이후 중국의 일부로 편입되었다. 이에 위구르족은 19세기 이후 지속적으로 무장투쟁을 전개하였고, 1930년대에는 공개적으로 독립 쟁취를 민족목표로 삼기도 하였다.

위구르족은 보편적으로 이슬람교를 믿고 있다. 신장과 경계를 접하고 있는 키르기스스탄, 카자흐스탄, 파키스탄, 아프가니스탄 등이 모두 이슬람국가이다. 오랫동안 독립을 갈구하였던 위구르족의 반항의 역사에 더하여, 이슬람국가와의 접촉이 쉽다는 점에 중국은 주목하지 않을 수 없었다. 이에 따라 위구르족에 대한 감시와 탄압을 강화한 것이 현재의 위구르 문제를 촉발한 원인이라 하겠다. 서방에서 제기하고 있는 '인권 문제'와 관련한 사안들이 사실인지 아닌지를 떠나, 위구르족이 화제에 오르는 것 자체가 중국으로서는 커다란 부담이 아닐 수 없을 것이다.

중국, 국가에 의해 만들어지는 대중예술로 문화강국을 꿈꾼다?

중국의 〈제14차 5개년 중국 드라마 발전 계획〉 발표

중국의 라디오, TV, 인터넷 동영상 프로그램을 관장하는 국가광파전시총국(國家廣播電視總局, 이하 광전총국)은 2022년 2월 10일, 〈'145' 중국 드라마 발전 계획("十四五"中國電視劇發展規劃)〉을 발표했다. 본 계획의 내용을 살펴보기에 앞서, '145(十四五)'의 이해가 필요할 것 같다.

'145'란, 2020년 10월에 열린 19기 5중 전회에서 확정된 '제14차 5개년 계획'으로, 정식 명칭은 '중화인민공화국 국민경제와 사회발전 제14차 5개년 계획과 2035년 비전 목표 요강(中華人民共和國國民經濟和社會發展第十四個五年規劃和2035年遠景目標綱要)'이다. 그렇다면 2월 10일에 공개된 '발전 계획'은 2021년부터 5년간 시행될 제14차 5개년 시기의 중국 드라마 발전 지침으로 이해할 수 있겠다.

주지하다시피 영화, TV 드라마 그리고 최근 급성장세를 보이는 웹 드라마에 이르기까지, 중국의 대중문화 콘텐츠는 정부의 강력한 규제 속에서 당의 업적 선전과 사회 통합을 위한 이데올로기적 목표 아래 기획·생산·유통·소비되고 있다. 개혁개방 이후 대중문화의 시장 자율성을 꾸준히 확대해 왔음에도 중국의 문화 콘텐츠 산업이 여전히 당의 규제 안에서 작동한다는 의미다. 그리고 이러한 특징은 시진핑 집권 시기 더욱 강화되었다.

정책 측면에서는 2018년 4월, 기존에 중국의 신문, 출판, 텔레비전, 영화, 라디오, 게임 등 문화산업 콘텐츠 전반을 관리 감독하던 국가신문출판광전총국(國家新聞出版廣電總局)이 개편되었다. 즉, 국무부 산하였던 국가신문출판광전총국이 공산당 직속 기구인 중공중앙선전부로 이관되었고, 신문·출판, 영화 그리고 라디오, TV의 관리 책임이 각각 국가신문출판서(國家新聞出版署), 국가전영국(國家電影局), 국가광파전시총국(國家廣播電視總局)으로 분리·개편된 것이다. 국가신문출판광전총국을 중앙선전부 산하 기구로 배치하고 문화 콘텐츠 관리를 세분화한 이러한 조치는 중국 정부가 언론, 대중 미디어, 문화 콘텐츠의 정치적 영향력을 높이고 대중 선전 기능을 강화하겠다는 신호로 보인다.

각각의 기관은 매 시기 정부가 내놓은 큰 방향에 부응하는 지침을 내려 이에 호응해왔고, 이번 드라마 발전 계획 발표도 같은 성격으로 풀이된다. 배포된 〈'145' 중국 드라마 발전 계획〉은 서문을 제외하고 전체적인 요구, 신시대로 향하는 우수 드라마 창작, 고표준 드라마 시장 시스템 건설, 국제적 전파와 합작 추진, 고품질 드라마 인재 대오 건설, 조직 보장 강화의 총 6개 부문으로 나뉘어 있으며, 그 내용은 구체적이기보다는 상급 설계와 시스템 계획을 나열한 거시적이고 추상적인 느낌이 강하다. 따라서 이 글에서는 14차 5개년 계획이 나온 배경과 비전을 먼저 이해하고, 드라마 발전 계획의 주요 내용을 최근의 중국 드라마 동향과 함께 살펴보도록 하겠다.

14차 5개년 시기(2021~2025)는 '전면적 소강사회' 건설이라는 첫 번째

100년 목표를 실현한 중국이 '사회주의 현대화 국가 건설'이라는 두 번째 100년 목표로 나아가는 첫 번째 5년이다. 앞서, 중국 공산당 지도부는 제18차 당대회에서 '두 개의 100년'이라는 목표를 제시했다. 중국 공산당 창당 100주년을 맞는 2021년까지 '전면적 소강사회(小康社會: 의식주 문제가 해결된 다소 풍요로운 사회)' 건설을 완성하고, 중화인민공화국 건국 100주년이 되는 2049년까지는 '사회주의 현대화 국가'로 발전시키겠다는 것이 그 요지다.

약속한 '첫 번째 100년'이 끝나는 2021년, 시진핑 주석은 공식적으로 '소강사회' 목표가 달성됐다고 공표했다. 하지만 코로나19라는 전 지구적 위기와 폐쇄적이고 권위주의적인 중국의 현 상황 속에서 질적으로나 양적으로 이 목표가 얼마나 이뤄졌는지, 또 일반 대중들에게는 얼마나 피부에 와 닿는 결과인지는 알 수 없다. 어쨌든 14차 5개년은 두 번째 100년의 목표인 '사회주의 현대화 국가 건설'을 향한 도약기라는 의미를 담고 있다. 〈145' 중국 드라마 발전 계획〉 또한 '2035년 문화강국 건설'이라는 비전을 세우고 '사회주의 현대화 국가 건설'을 향한 국가의 거시적 방향과 궤를 같이한다.

서문에서는 그간 드라마 산업의 눈부신 발전을 충분히 긍정하면서도 발전 불균형과 불평등 문제를 바로잡기 위한 개혁의 필요성을 제기한다. 이를 위해 우수한 창작, 시장 시스템 건설, 인재 대오 조성, 법과 제도 정비 등 각 방면의 개혁이 요구되며, 특히 '주제' 작품 창작 생산, 드라마 산업의 질적 효과와 이익 그리고 경쟁력을 제고해야 한다고 강조한다.

여기서 '주제'는 〈2장. 신시대로 향하는 우수 드라마 창작〉에 상세히 기술되어 있다. 그 내용 중 특별란(專欄)1 〈"145" 중점 드라마 주제 선정

계획〉을 보면, 중대한 현실, 혁명, 역사 소재를 위주로 '종횡 좌표법'을 통해 구체적인 주제를 선정한다고 소개한다. 종적으로는 시진핑 시대 중국 특색 사회주의 사상, 당과 국가의 대사(大事)와 관련된 주제이며, 횡적으로는 중국 공산당 성립 100주년, 베이징 동계올림픽과 패럴림픽, '항미원조' 승리 70주년, 중화인민공화국 성립 75주년, 항일전쟁 승리 80주년, 홍군 장정 승리 90주년 등을 아우르는 주제를 말한다.

중국이 중대한 혁명, 역사 소재의 드라마 제작을 장려해 온 것은 익숙한데, 중대한 현실 소재란 무엇일까? 한국 콘텐츠 진흥원의 중국 콘텐츠 산업 동향(2021년 6호) 자료에 따르면, 최근 중국에서는 방역, 빈곤 퇴치, 직장, 여성, 가족 등 다양한 사회 문제를 다루는 '현실주의 드라마 창작 장려' 정책에 힘입어 현실주의 드라마 송출 편수가 전체 드라마의 78%를 차지했다고 한다. 가족, 직장생활, 여성 문제 등의 일상성과 동시대성이 강조되는 소재 외에도, 코로나19 방역 성공, 공동부유(共同富裕) 실현을 위한 당의 성과와 정책을 선전하고 민심을 한데 모으는 소재가 기존의 혁명, 역사 소재와 함께 드라마의 중요한 제작 방향이 된 것이다.

〈3장. 고표준 드라마 시장 체계 건설〉에서는 배우의 출연료 관리 강화를 언급한 것이 눈길을 끈다. 계획에는 '고가 출연료'를 절대 반대하며, 드라마 한 편당 전체 출연료는 전 제작비의 40%를 초과할 수 없으며, 주요 배우의 출연료는 전체 출연료의 70%를 초과할 수 없도록 하는 제작비 배분 비율 규정을 엄격히 하고, 출연료 계약서 작성과 검증을 강화한다고 명시되어 있다. 이는 2021년 9월 광전총국이 내놓은 '문화예술 프로그램과 출연자에 대한 관리 강화 통지' 정책의 연속으로 보인다. 일종의 연예계 검열 강화 정책인 이 통지 내용으로는 탈세, 마약 등 사회적인 물의를 일으킨 연예인의 방송 출연 제한, 고가의 출연료 금지, '여성스러운' 남자 연예인 방송 노출 제한 등을 포함하며, 당시 중국 안팎으로 시진핑 집권기 본격적인 '문예계 정풍'이 시작된 것 아니냐는 우려를 낳은 바 있다.

이러한 문화 산업 시장의 '정화(淨化)' 정책은 어떻게 실현되는지, 그리고 어떠한 드라마 인재 대오를 조직할 것인가와도 연결된다. 특별란 4의 내용을 보면, 첫째, 제작자의 '생활 속으로' 제도다. 제작자는 중요한 현실 소재의 드라마 창작 과정에서 기층의 '생활 속으로' 들어가 그 속에서 창작 소재를 찾고, 세태, 국가와 당, 인민들의 마음을 더 깊이 이해하여 좋은 작품을 만들어 내도록 요구된다.

둘째, 청년 배우와 매니저 훈련반이다. 청년 배우와 매니저에게 사상 정치, 직업 소양, 법률 법규 등의 과정을 마련하여, 종사자들에게 사명감을 부여하고 법률을 준수하며 덕과 재능을 모두 갖춘 드라마 인력으로 교육한다는 내용이다. 창작자는 '기층 속으로 들어가라'는 요구와 배우는 문예공작자로서 사명감을 가져야 하고 사상정치를 학습하라는 주문은 어쩐지 마오쩌둥 시대를 떠올리게 한다.

돌아보면 2018년부터 2021년까지 중국은 중요한 기점들을 넘어왔다. 2018년은 개혁개방 40주년, 2019년은 신중국 성립 70주년, 2020년은 '전면적인 소강사회' 건설 달성, 2021년은 건당 100주년이었다. 역사적으로 기념할 사건 외에도 2019년부터는 팬데믹과 중미 갈등 격화 등의 크나큰 위기도 있었다. 하지만 늘 그래왔듯이, 국가의 역사와 위기 앞에 중국의 대중문화 콘텐츠들은 당의 목소리를 대변하고 사회를 통합하는 역할을 해왔다. 금번에 발표된 〈'145' 중국 드라마 발전 계획〉은 '전면적인 소강사회'를 건설하고 '공동부유'를 위한 기초 작업인 빈곤퇴치 사업으로 들어서는 전환기이며, 시진핑 장기 집권을 앞둔 현시점에서 중요한 의의를 갖는다.

특히 통속적이고 대중적이며 일상적인 특징을 지닌 드라마는 대중들의 일상에 가장 밀착되고 또 그만큼 감정구조에도 가장 큰 영향을 미치는 미디어 중 하나다. 중국 정부가 정책 방향에 맞춰 드라마의 주요 소재를 정하고 우수 작품들을 선별하며 당해 제작 편수까지 미리 결정하는 것은 이러한 드라마의 문화 정치적 영향력을 잘 알고 있기 때문일 것이다. 따라서 최근 발표된 〈'145' 중국 드라마 발전 계획〉을 통해, 다소 추상적이지만 중국 드라마 산업의 방향과 2035년을 목표로 중국의 '문화강국' 밑그림을 그려볼 수 있겠다.

윤성혜
2022. 3. 11.

중국,
질적 성장의 첫걸음은 출산장려정책

중국, 저출산 방지를 위한
공동육아·아동 친화 도시 건설 등 구체적 대안 제기

중국에서는 1년 중 가장 중요한 정치 행사인 양회(兩会)가 진행 중이다. 매년 양회는 향후 1년간 중국의 경제사회정책을 압축적으로 볼 수 있는 창구 기능을 해왔다. 특히 전국인민대표대회(全国人民代表大会) 첫날 발표되는 정부공작보고(政府工作报告)에는 그해의 경제성장률이 포함되어 있어 전 세계 이목이 쏠리곤 했다.

2022년 중국의 경제성장률은 5.5% 정도로 결정됐다. 예년에 비하면 5.5%라는 수치 자체가 주는 의미가 그렇게 크게 와닿지 않는다. 중국 정부도 이제는 수치상의 양적 성장보다 질적 성장이 중요하다고 언급한 것과 같이 이제는 확실히 그 변곡점을 지나고 있는 모양새다.

2022, 중국 사회의 질적 성장의 원년

주지하다시피 중국은 1987년 공산당 제13차 전국대표대회에서 100년에 걸친 사회주의 현대화 건설을 위한 3단계 발전 전략(산부저우, 三步走)

을 수립했다.

1단계로 인민의 기본 의식주를 해결하는 원바오(溫飽)는 80년대 말 계획보다 10년 앞당겨 이미 완성했다. 그리고 중등 이상의 복지사회를 일컫는 샤오캉(小康)은 공산당 창건 100주년을 맞이하는 2021년이 그 마지노선이었다.

3월 5일 업무보고에서 리커창(李克强) 총리는 "전면적 샤오캉 사회 건설 임무 수행을 완료했다"라고 공식적으로 밝혔다. 이로써 2022년은 마지막 단계인 다통(大同)사회 진입을 위한 시발점으로써 중요한 의의가 있다.

중국은 중화인민공화국 건국 100주년을 맞는 2049년을 다통사회 진입의 기준 연도로 계획하고 있다. 앞으로 30년이 채 남지 않은 기간 동안 중국 정부는 '사회주의 현대국가' 소위 중국이 생각하는 선진국에 진입하기 위해 어떤 노력을 할 것인지 귀추가 주목된다.

이런 의미에서 2022년 양회에서 제시된 여러 정책 중 사회보장정책이 주목받고 있다. 특히 출산 및 양육에 대한 다양한 의견들이 제시되면서 사회적 반향을 일으키고 있다. 중국의 고령인구 증가와 출산율 저하 문제는 중국의 백년대계인 다통사회 진입을 위협할 정도의 사회 문제로 발전하고 있다.

중국은 2016년 두 자녀 정책을 전면적으로 실시하고 있지만 출산율은 계속 감소하고 있다. 급기야 2021년부터는 세 자녀 정책을 발표하며 정부가 적극적으로 출산 장려를 도모하고 있다. 하지만 출산에 따른 여성의 경력 단절, 보육에 대한 경제적 부담 등의 이유로 정부의 정책과 출산율 증대 사이에는 여전히 차이가 있다.

사실 중국의 출산율 저하, 노령화 가속화 등의 문제는 2013년 사실상

두 자녀 정책이 시행되면서부터 제기됐던 문제다. 이에 따라서 출산 장려를 위하여 여성뿐만 아니라 남성에 대한 출산휴가, 육아휴직 등의 일반적 제도들은 이미 시행 중이다.

하지만 이는 출산율 감소에 대한 근본적 문제를 해결하는 방안이 아니기 때문에 정책적 효과가 실질적인 출산율 증대의 결과로 나타나기 힘들다. 중국은 이러한 문제에서 고전을 면치 못하고 있는데 이는 한국도 마찬가지다.

저출산, 근본적 해결을 위해 나선 정부

2022년 양회에서는 출산의 의지를 꺾는 두 가지 핵심 쟁점을 근본적으로 다루었다는 점에서 이전과는 확실히 차이가 있다. 첫 번째는 보육 서비스를 위해 더 많은 사회 참여가 필요하다는 것이다.

양회에 참여한 인민대표들은 하나같이 입을 모아 영유아 보육에 가족과 사회가 적극적으로 참여하는 공동육아에 대해 강조했다. 0세부터 3세 사이의 유아에 대한 보육은 주로 가족이 부담하게 된다. 가족 내에서도 비율로 따지자면 어머니가 전적으로 맡는 경우가 일반적이다. 이는 여성의 경력 단절로 이어지고, 여성들이 자연스럽게 출산을 꺼리게 되면서 출산율도 저하되는 순환구조가 만들어졌다.

이러한 문제는 모두가 인지하고는 있지만 개인이 해결할 수 있는 것은 아니다. 이번 양회에서는 이것이 국가가 해결해야 하는 과제임을 공론화했다. 가족 내에서도 여성뿐만 아니라 모든 구성원이 양육을 위한 노력을 함께해야 하고, 가정의 양육 부담을 덜기 위해서 국공립, 기업이 주체가 되어 보육 서비스를 제공해야 한다는 필요성을 제기했다.

두 번째는 자녀 양육에 대한 비용 부담을 정부의 재정지원을 통해서 경감한다는 점이다. 대표적으로 정부 업무보고에서 "3세 미만 영유아 보육비용을 개인소득세 특별공제 항목에 포함해 세금 감면을 할 것"을 밝혔다. 이와 더불어 보편적 보육 서비스를 제공하기 위한 서비스 개발을 제안했다.

이에 양회에 참석하고 있는 대표들은 각종 보육 서비스 지원정책을 앞다투어 제안했다. 출산 기간 여성의 임금을 보장하고 기업의 출산 비용 부담을 줄이는 방안으로 출산 보험제도를 시행하고, 다자녀 가구에 공공임대주택 분양 특혜를 제공하고, 시험관 및 인공수정 시술을 지원하는 사업 등이 제안됐다.

이와 관련하여 중국은 2021년 10월 '아동 친화 도시 건설추진에 관한 지도의견(关于推进儿童友好城市建设的指导意见, 이하 지도의견)'을 발표했다. 지도의견은 2023년까지 중국 전역에 100개의 아동 친화 도시건설 시범사업을 추진하는 것을 골자로 하고 있다.

아동 친화 도시는 1990년 미국, 유럽 등 선진국의 출산율 감소에 대응하기 위해 만든 개념이다. 중국 정부가 저출산 문제에 정면 돌파를 위해 이를 적극적으로 활용하고자 하는 것이다.

본 시범사업은 교육, 복지, 인프라 등에서 아동이 성장하는 데 최적의 공간을 마련한다는 계획이다. 도시 전체가 공동으로 보육을 분담하여 아동은 물론 부모의 서비스 만족도를 높이고, 그 결과 출산율도 높일 수 있을 것으로 판단하고 있다.

질적 성장은 비단 경제 분야에만 국한된 것이 아니다. 질적 성장을 위한 동력은 인재에서 나온다는 것을 중국 정부는 너무도 명확히 인지하고 있다. 인재를 육성하는 첫 단추는 바로 출산이고 그다음은 보육이다.

인구가 줄어드는 것은 어쩔 수 없는 추세이다. 하지만 그 추세를 최대한 늦추고, 세상의 빛을 본 아동이 공평하게 교육받고 성장할 권리를 보장해주는 것, 또 그러한 환경을 만들어주는 것이 진정한 국가의 의무일 것이다.

저출산 문제에 있어서는 중국과 한국이 같은 처지에 있는 모습이다. 한국도 중국의 젊은 세대와 같은 이유로 의도적으로 자녀를 두지 않는 사람들이 늘어나고 있다. 또한 하루가 멀다 하고 부모로부터 버려지는 영유아 사건들이 언론을 통해 보도된다.

이에 '공동육아', '아동친화도시'와 같은 사회적 공감대가 확대되면서 그와 더불어 관련 정책을 시행하는 데 발 빠르게 드라이브를 걸고 있는 중국에 자극받아 우리도 대책을 촉구해야 하지 않을까 싶다. 때마침 어제 새로운 대통령이 선출되었다. 향후 5년 동안 국가의 질적 성장을 위해 더욱 근본적인 출산 및 보육 정책이 추진되기를 기대해 본다.

김현주
2022. 4. 15.

경쟁에 지친 중국인들이 선택한 철학자, 노자

요즘 중국에서 철학 좀 안다고 하는 사람들은 다 아는 사람이 있다. 바로 왕동위에(王東嶽)이다. 그런데 중국의 저명한 블로거 완웨이강(萬維鋼)이 자신의 블로그에서 왕동위에를 비판했다. 왕동위에가 쓴 『물연통론(物演通論)』이 전부 틀렸다고 몰아세웠다. 완웨이강이 왕동위에를 비판한 것은 역으로 말하면 왕동위에가 그만큼 유명하다는 말일 것이다.

왕동위에는 유려한 입담으로 동서철학을 모두 아우른다. 중국의 네이버라고 할 수 있는 바이두에서 그의 이름을 검색하면, 그가 했던 수많은 강의들이 업로드된 것을 알 수 있다. 제자들은 그를 "자유학자"라고 부른다. 그것은 그가 자유주의자라는 의미가 아니라, 어떤 대학이나 기관에 소속되어 있지 않은 프리랜서이기 때문이다. 유명대학의 교수가 아닌 그가 유명해진 이유는 무엇일까?

민간 철학자인 왕동위에가 유명해진 것은 아마도 뤄전위(羅辰宇) 덕분이다. 뤄전위는 중국 CCTV에서 "경제와 법", "대화", "결전상장", "중국경영자" 등 수많은 TV프로그램을 만든 사람으로, 자신이 직접 프로그램을 진행하기도 한다. 그런 그는 왕동위에를 세계에서 보기 드문 사상가라고 칭찬했다.

1%만이 살아남는다

체약대상(遞弱代償)이란 개념은 왕동위에가 내세우는 핵심 개념이다. 그것은 세대를 거칠수록 점점 더 약해진다는 의미이다. 우주의 진화과정에서, 상위를 차지하고 있는 종이 영원히 그 강한 생명력을 유지할 것 같지만, 결국은 사라지고 만다는 것을 그 예로 든다. 왕동위에는 그렇게 세대를 거듭하면서 점점 약해지지만, 그에 대한 보상으로 만물의 속성이 점점 더 풍부해지고, 형태도 점점 다양해진다고 말한다. 인류 문명도 마찬가지이다. 인류의 문명도 점점 더 발전해가고 있고, 점점 더 강해지고 있는 듯하지만, 사실 그 속에서 살아가는 개체들의 의존성이 점점 더 커져서, 결국은 그 생존력이 점점 더 약해진다는 것이다. 다시 말해 사회가 발전하면 할수록, 다른 사람에 대한 의존도가 점점 더 커지고, 자신이 속한 구조에 대한 의존도도 커지며, 그렇게 사회에 더 의존할 수밖에 없다는 것이다. 그것을 대상(代償)이라고 한다. 누군가 혹은 무엇인가가 대신해주어야 살 수 있다. 추우면 난방기구가 필요해지고, 더우면 에어컨이 필요해지듯이 말이다. 이렇게 창조와 혁신도 발생한다. 그리고 그 창조와 혁신 중 1%만이 살아남는다.

왕동위에의 이론은 언론과 기업들에서 환영받았다. 개혁개방 이후 수십 년간 승승장구하던 중국이 다시 생존과 경쟁의 문제에 직면한 지금, 그 누구보다 그 위기를 직감한 분야는 언론과 기업일 것이다. 근대 시기 위기에 처한 중국에서도 지식인들은 진화론의 영향을 받았다. 당시 지식인들은 역사를 진화의 역사라고 생각했다. 그래서 살아남기 위해서는 무엇이라도 해야 한다고 생각하였다. 그것이 천하의 공리이므로 어느 나라도, 어느 누구도 피해갈 수 없는 것이라고 말이다. 진화론은 그렇게 중국인들에게 절체절명의 위기에서 살아남기 위해서 강해져야 한다는 생존 욕구를 불어넣으며 널리 받아들여졌다. 그러나 지금은 개혁개방 이후에 태어나 풍요 속에서 자란 세대들, 80후, 90후 세대들이 사회의 중추가 된 시대이다. 그들에게는 기본적으로 위기의식이 결여되어 있다. 이런 그들에게 21세기 진화론을 말해준 사람이 바로 왕동위에이다. 그렇게 생방송에서도 초청되고, 기업가들을 위한 강좌에도 여러 차례 초청되었다. 그래서 그를 "대사(大師)"라고 부르는 사람도 있다.

당대의 노자, 왕동위에

왕동위에의 사상은 노자의 영향을 받은 것이다. 그러므로 왕동위에는 스스로를 "당대의 노자"라고 말한다. 왕동위에는 노자는 미래를 위한 사상가라고 한다. 노자에 대해 왕동위에는 매우 높은 평가를 한다. 그는 노자를 중국 사상사에서 유일한 철학자라고 말한다. 현대의 진화론을 이해한 고대 철학자라고 말이다. 노자의 "도가 하나를 낳고, 하나는 둘을 낳고, 둘은 셋을 낳고, 셋은 만물을 낳는다"라는 말이 바로 진화의 법칙을 가리킨다고 설명한다.

나아가 왕동위에는 서양철학과 중국철학을 대비시켜 말한다. 오늘날 세계를 잠식한 자본주의는 서양철학과 불가분의 관계에 있다. 그러므로 그는 서양철학을 비판한다. 문명이 발전할수록 인류는 점점 더 불행해지고 있다고 비판한다. 한 마디로 위기가 온 것이다. 그리고 그 잘못은 서양

철학에 있다고 말이다.

그렇다면 중국철학이 위기를 구할 수 있는 열쇠일까? 그는 아니라고 말한다. 중국의 전통학문인 "국학"은 이미 쇠퇴했기 때문이다. 그렇다면 서양철학이 해답일까? 그것은 더욱 아니다. 여기서 노자가 등장한다. 해답은 노자의 이상향인 소박한 원시문명으로 돌아가는 것이다. 노자는 "소박함을 지니고, 사욕을 줄여야 한다"리고 말하였는데, 이것을 왕동위에는 원시 공유제 사회라고 해석하였다. 사유재산이 없으므로 경쟁도 존재하지 않았다는 것이다. 결국 왕동위에는 현대 중국의 사회주의를 부정하지 않는다는 것을 보여준다. 그리고 오히려 긍정한다. 그리고 그는 그것이 노자의 "천도(天道)"라고 말한다.

그러나 노자의 이상향은 "소국과민(小國寡民)", 즉 크기는 작고, 인구는 적은 나라이다. 수레도, 배도, 무기도 필요 없는, 즉 영토를 확장하기 위해 서로 전쟁하지 않는 사회가 그의 이상향이다. 전쟁하기 위해 세금을 거둬들이고, 군사를 훈련하는 등 수많은 일들을 하지 않는 것, 그것을 "무위(無爲)"라고 얘기한다. "무위" 정치를 하는 제후야말로 성인이라고 노자는 얘기한다. 그렇게 되면 이웃 나라와 그저 바라보기만 하고, 닭이 울고 개가 짖어도 상관하지 않으며, 늙어 죽을 때까지 왕래하지 않는 관계를 형성하게 된다. 이것은 다른 나라와 교류를 하지 않는다는 의미가 아니라, 서로 전쟁을 통해 다른 나라의 영토를 침범하지 않는다는 의미이다. 노자가 바라는 세상은 싸움이 없는 세상이었다.

노자와 현대중국

　현대 중국에서 노자 사상은 자본주의 시장경제를 비판하는 도구로 사용된다. 자본주의가 인류에게 엄청난 물질적 부를 가져다주었지만, 그만큼 인류의 생존환경을 척박하게 만들었다고 비판한다. 환경 파괴, 도덕의 상실, 생존 경쟁, 부패의 만연 등등 모두 그 결과라고 본다. 인간이 물질적 욕구를 추구하게 되면 안 된다고 강조했던 것이 바로 노자이기 때문에, 노자의 사상은 자본주의 시장경제를 공격할 수 있는 아주 좋은 무기인 셈이다.

　사실 개혁개방으로 중국이 시장경제를 받아들이고 난 후 도덕의 상실, 부패의 만연 등 수많은 사회적 문제들이 범람했던 것은 사실이다. 물론 개혁개방을 통해 급속하게 이룬 경제성장으로 도시가 번영하고, 교통도 발달하고, 중국인들의 생활 수준이 향상된 것은 틀림없다. 그러나 자본주의의 혜택이 골고루 주어진 것이 아니라, 일부 계층, 일부 지역에만 집중적으로 이루어지는 양극화 현상이 심각한 지경에 이르렀다. 얼마 전 중국인 모두 배부르고 등 따뜻한 "소강사회"가 달성되었다는 선언을 한 중국은 이 양극화 현상을 해소하기 위해 "공동부유"를 부르짖게 되었는데, 이런 상황에서 노자는 아주 유용한 철학적 정당성을 제공해준다. 그러나 그것은 양날의 검이다. 노자의 사상을 알면 알수록, 그것이 사회주의보다는 자유주의에 가깝다는 것을 알 수 있기 때문이다. 거대하며 강압적인 국가를 부정하고, 작고 자유로운 국가를 지향하기 때문이다. 지금 중국에서 유행하고 있는 노자 철학은 중국에게 약이 될 것인가, 독이 될 것인가. 지켜봐야 할 일이다.

미국에서의 한복과
중국에서의 한복이 다른 이유는?

56개 민족을 하나의 '중화민족'으로,
중국의 '중화민족 공동체의식' 공고화 강조

2022년 2월 중국 베이징에서 열린 동계올림픽 개막식 무대에 조선족 여성이 한복을 입고 등장해 논란이 일었다. 문제의 장면은 '소시민들의 국기전달' 순서에서 55개의 소수 민족대표들이 민족의상을 입고 중국의 국기인 오성홍기를 전달하는 데서 연출됐다.

흰색 저고리에 분홍색 치마를 입고 댕기까지 곱게 땋아 내린 조선족 여성의 모습은 한복을 입은 여느 한국인의 모습과 다르지 않았다. 또한 중계 화면에서는 잘 나오지 않았으나, 무대 공연과 함께 올림픽 성공 개최를 기원하는 조선족과 그들의 문화를 보여주는 장면이 현장 경기장 전광판을 통해 동시 송출됐다. 한복을 입은 사람들이 상모를 돌리고, 둥글게 모여 강강술래를 하고, 함께 김치를 만들어 먹는 모습은 한국의 전통문화 그대로였다.

세계인이 지켜보는 무대에서 한국문화를 중국문화로 오인할 소지가 충분한 장면이었고, 이 장면을 생중계로 지켜본 한국인들은 즉각 한국문화를 중국문화로 예속화하려는 시도가 아니냐고 비판했다. 중국은 이에 대해 중국 소수민족의 하나인 조선족을 표현했을 뿐이라고 해명했다.

중국의 소수민족 중 하나인 조선족은 한민족 혈통인 민족 정체성과 중국이라는 국적 정체성의 이중적 정체성을 갖고 있으며 한국에서는 재중동포로 불린다. 한복, 김치와 같은 한반도의 전통문화는 한국의 것이지만, 중국으로 이주해 간 조선족의 문화이기도 하다. 하지만 조선족의 국적이 중국이기 때문에 그들이 지켜온 한반도의 문화가 중국의 것이라고 하는 것은 한국인으로서는 쉽게 납득이 되지 않는다.

그런데 한 가지 흥미로운 점은 중국의 동포, 즉 조선족 외에 다른 해외 거주 동포와는 이처럼 전통문화를 둘러싼 논쟁이 흔치 않다는 것이다. 예를 들어, 재일동포나 재미동포가 한국의 전통문화를 지키려는 모습을 보고 우리 문화라면서 거부반응을 보이거나 비난할 자는 별로 없을 것이다. 그런데 왜 중국의 경우는 달리 받아들여지는 것일까? 여러 이유가 있겠지만, 무엇보다도 중국은 동북공정, 문화공정으로 대표되는 당 국가 차원의 대응을 취하기 때문일 것이다.

하지만 중국 내부로 시선을 돌려보면, 이러한 국가적 대응은 조선족을 비롯한 중국 소수민족들에게 '중화민족'으로의 국적 정체성을 강화하고 소수민족의 민족 정체성을 약화시키는 결과를 가져온다. 그리고 이러한 '중화민족'으로의 국적 정체성은 시진핑 집권기에 들어서면서 점차 강화되고 있다.

시진핑 주석은 2012년 공산당 총서기에 선출된 직후, 국정 장기 목표로 '중화민족의 위대한 부흥'을 의미하는 중국몽 실현을 선언한 바 있다. 뒤돌아보면 중국은 중국몽 실현을 향한 주요 고비들을 잘 넘어왔다.

하지만 미국과의 패권 갈등 격화, 전례 없는 팬데믹 상황, 양안문제와 홍콩 민주화, 소득 격차와 부의 불균형에 따른 계층갈등 심화 등 장기적인 위기들도 여전히 산적해 있다. 이러한 국내외 위기 상황 속에 시진핑 정부의 지속적이고 안정적인 중국몽 실현 여부는 내부 결집, 특히 민족 대단합, 즉 56개의 민족을 하나의 '중화민족'으로 단결시키는 데 달려있다고 볼 수 있다.

'중화민족'이란 개념이 공산당의 집정 합법성을 확인하는 맥락에서 사용되기 시작한 것도 2017년 제19차 당대회였다. 이 대회에서 시진핑은 "중화민족 공동체 의식을 확고히 만들 것(鑄牢中華民族共同體意識)"을 제기했고, '중화민족 공동체 의식'은 19차 전국대표대회 보고서와 당헌에 공식 기록됐다.

이후 민족사업과 관련된 크고 작은 행사에서 "중국몽을 실현하기 위해서는 중화민족 공동체 의식을 구축하는 데 집중해야 한다"라는 시주석의 발언이 반복됐다.

국족(Chinese Nation)으로서의 '중화민족' 개념은 저명한 중국의 인류학자 페이샤오퉁(費孝通)이 1988년 홍콩 중문대학교가 주최한 테너 강연에서 발표한 글 〈중화민족의 다원일체구조(中華民族的多元一體格局)〉에서 처음 제기됐다.

그에 따르면, 중화민족은 '자각한 민족 실체'이며, 각 민족의 상위개념으로서 '중국의 영토를 중심으로 하는 하나의 국족'이다. '중화민족'의 개념, (56개 민족의) '다원'과 (중화민족인) '일체' 간의 위계관계를 설정한 페이샤오퉁의 논지는 이후 중국 내 민족문제 연구자들에게 하나의 강령처럼 받아들여졌고, 2017년 시진핑의 '중화민족 공동체 의식'을 강조한 이후 신시대에 중화민족 공동체 의식을 확고히 주조하는 데 중요한 학술 분석 틀과 실천적 게시를 제공했다고 평가받고 있다.

시 주석이 강조한 '중화민족 공동체'란 것도 사실 페이샤오퉁의 〈중화민족의 다원일체구조〉의 논지를 그대로 이어받은 개념이며, "중화민족 공동체 의식을 만들자"라는 정책 슬로건은 중화민족이 '실체'로 나아가기 위한 본격적인 방책으로 보인다.

'중화민족'이 중국의 정치적 전제와 법률적 보장을 갖는 '국민'을 의미한다면, '중화민족 공동체 의식'을 강화한다는 것은 곧 '국민 의식'을 강화하는 것이 된다. 시 주석은 2019년 전국 민족 단결 진보 표창대회에서 정신 공작을 강화할 것을 주문하면서, '국민 의식 교육'이 중화민족 공동체 의식을 확고히 주조하는 데 주요한 일환이자 효과적인 수단의 하나라고 언급했다.

그리고 시 주석의 국민 정신공작 강화에 대한 요구는 중국에서 조선족의 언어와 문화를 가르치는 조선 어문(국어)교과서에도 반영되었다. 중국의 고등학교에 해당하는 고급 중학교의 필수 조선 어문교과서는 심사 통과 연도를 기준으로 분류할 때, 2017~2018년 이후 2020년에 개정판이 보급됐다. 이 두 시기의 교과서를 비교해보면, 그 변화 속에서 교육을 통한 국민의 정신 강화가 어떠한 것인지 가늠해 볼 수 있다.

두 시기 교과서를 비교할 때 가장 큰 변화는 2020년 개정판에서 기존에 조선(족)이라는 민족 특수성을 수식하는 '우리'와 '민족'의 의미가 각각 '중국'과 '중화민족'으로 대체됐다는 점을 꼽을 수 있다. 예를 들어, 2017~2018년 교과서 목차에서 조선어의 속담을 가르치는 단원의 제목은 〈우리말 교실〉에서 2020년 〈조선말 교실〉로 수정됐다. 또한, 동일한 문학 작품 뒤에 배치된 학습활동에서도 '민족적인'이라는 표현만 삭제되거나, 조선족이 한국과 '조선'이라는 접점으로 연결된 작품도 삭제됐다.

조선족을 중국의 '우리'라고 범주화하기에는 애매한 부분이 있었던 2017~2018년과 달리, 개편된 2020년 교과서에서는 '우리'가 중국 또는 중화민족을 의미하는 것으로 대체되고, '민족'의 의미는 조선족에서 중화민족이라는 국족 개념으로 변화하여 '조선(족)'은 해방 전후 조선과의 고리가 끊기고 중국의 '우리'를 구성하는 일부로 의미화된 것이다. 이 밖에도, 조선족의 전통 혼례, 세시풍속과 전통명절, 상례와 제례 등을 소개하는 〈전통문화 교실〉도 통째로 삭제됐다.

이렇듯 2~3년이라는 짧은 시기에, 중국 내에서 조선족의 정체성 배양과 직결되는 조선 어문교과서에서는 중국에 전입된 조선족 고유의 역사와 조선족 문화의 특수성을 축소하거나 삭제하는 방향으로 개편됐다. 그런데 세계인의 이목이 주목되는 동계올림픽 개막식에서는 조선족의 전통문화라며 한복과 김치를 등장시켰다.

내부적으로는 '중화민족'으로의 일체화를 강화하면서, 외부적으로는 조선족 고유의 문화를 선전한다? 중국 정부의 이러한 이중적 속내까지 들여다보면, 최근 한중 문화 갈등을 바라보는 마음은 더욱 착잡해진다.

조선족,
정체성 옅어지며 중국에 흡수되나

중국 조선족의 조선어문 교과서에서 김학철 찾기

중국 조선족의 조선어문 교과서, 디아스포라 김학철

김학철은 1916년 11월 4일 조선의 아름다운 항구도시 원산에서 태여났는데 1935년 서울 보성고등학교를 다닐 때 반일사상에 눈뜨게 된다. "빼앗긴 들에도 봄은 오는가"하는 리상화의 부르짖음을 듣고는 일제의 통치하에 망국노로 사는 운명이 한스러웠고 입쎈의 《민중의 적》에서 "이 세상에서 가장 강한것은 혼자 따로 사는 사람"이라는 웨침을 듣고는 그대로 주저앉아있을수 없었다. 그는 빼앗긴 조국을 찾겠다는 일념을 안고 상해에 가서 김원봉이 지도하는 반일테로조직인 민족혁명당에 가입하였다. 그후 조직의 지령에 따라 중앙륙군군관학교에 들어간 그는 거기서 맑스주의와 접촉하게 되였고 단순한 민족주의자로부터 맑스주의자로 변신하였다. 그후 그는 조선의 용군에서 분대장으로 있을 때 중국공산당에 가입하였다.

윗글은 조선어문 교과서에 수록된 〈불굴의 투혼-김학철 선생〉의 일부다. 조선어문은 중국 조선족이 조선어를 배울 때 사용하는 교과서인데, 이 교과서에서는 조선족의 위인(偉人)인 김학철의 전기(傳記)가 수록돼 있다. 이 전기에는 김학철이 함경남도 원산에서 태어나 학창 시절 반일 사상에 눈을 떠 중국 상해로 건너가 독립운동을 하던 중 중국 공산당에 가입하고 공산주의자로 살았던 삶의 궤적이 잘 나타나 있다. 인용하지 않은 전기의 다른 부분에서는 좌경노선이 강화되던 문화대혁명 시기에 김학철이 모택동 우상주의에 대해 비판하는 소설「20세기의 신화」를 창작해서 반혁명 분자로 몰렸고, 이로 인해 옥고를 치러야 했던 필화 사건도 간접적으로나마 서술돼 있다.

조선어문 교과서가 연변교육출판사에서 제작·출판한 중국의 국정교과서라는 점을 고려했을 때, 김학철 전기에서 가장 눈에 띄는 부분은 '빼앗긴 조국을 찾겠다는 일념'이다. 이 표현은 조선족이 중국 국적을 가지고 있지만 한반도에 고국을 갖고 있었음을 명시하고 있기 때문이다. 민족국가의 영토를 벗어나 이주국에서 거주하는 이들을 디아스포라(diaspora)라고 일컫는다. 김학철의 삶은 식민주의로 인해 한반도 고국을 떠나 중국 동북 지역에 정착하며 생존했던 디아스포라로서의 조선족의 삶과 역사를 대변하고 있다. 조선어문 교과서에 수록된 김학철의 전기를 읽으며 조선족 학생들은 자신들의 뿌리, 민족 정체성을 다시금 생각해 볼 수 있을 것이다.

2021년 심사통과 조선어문 교과서에서 사라진 김학철 전기

중국 조선족의 조선어문 교과서는 중학교 교육과정에 해당하는 『의무교육조선족학교 조선어문과정표준』(2004년)과 고등학교 교육과정에 해당하는 『조선족고급중학교 조선어문과정표준』(2007년)이 제정된 이후 기본 골조는 유지한 채로 교과서 단원 구성과 작품을 수시로 교체하는 형태를 취하고 있다. 그런데 현재 사용되고 있는 2021년 심사통과 조선어문 교과서에서 심상치 않은 변화가 감지된다. 예를 들어, 이전까지 수록되어 있던 〈불굴의 투혼-김학철 선생〉이 수록되지 않은 것이다.

조선족 항일역사의 증인으로서의 김학철

작품 하나가 사라진 것이 왜 문제가 되는가? 이는 김학철의 삶이 보여주었던 중국 거주 조선인들의 항일역사가 축소되는 단적인 현상이기 때문에 문제적이다. 항일투쟁의 역사는 동북 지역에 거주하던 조선인이 중국의 조선족으로 편입되기 이전의 역사이며, 편입 이후에도 조선족으로의 자부심과 민족 정체성의 근간이 되었다. 조선족은 중국 내 다른 소수민족과 달리 월경(越境)을 통해 중국 내로 유입된 유일한 민족으로, 중국 동북 지역을 중심으로 일제에 대항한 항일전쟁에 참여함으로써 신중국 건립에 주요한 공을 세웠다. 조선족이 자신들의 항일역사를 설명하기 위해서는 자신의 뿌리와 이주의 역사를 함께 설명해야 하기에 항일역사는 조선족의 민족정체성을 단적으로 드러내는 기호라고 볼 수 있다.

조선어문 교과서에 나타난 조선인의 항일전쟁

2004~2007년에 출판된 조선어문 교과서와 최근의 교과서를 비교하면 항일전쟁을 다루는 방식의 더욱 확실한 차이를 확인할 수 있다. 2004~2007년 조선어문 교과서에서 중국 거주 조선인이 참여했던 항일전쟁의 목적은 '한반도 조국의 독립'과 제국주의에 대항하여 피압박민족, 세계 인민의 해방을 위한 연대, 즉 '국제주의적 항전'이라는 두 가지 의미를 지녔다. 그렇지만 이 두 가지 가운데서도 한반도 조국의 독립을 위한 투쟁이라는 의미가 전면에 드러났다. 그래서 2005년에 출판된 조선어문 교과서에는 만주에서 항일무장운동을 했던 김일성의 보천보전투를 소재로 북한 작가 조기천이 쓴 장편서사시 〈백두산〉 가운데 "조선독립 만세"를 외치며 전사하는 영남이의 서사가 일부 수록돼 있다.

반면 최근에 사용되는 조선어문 교과서에는 항일전쟁이 한반도 조국의 독립을 위한 투쟁이었음을 연상시킬 수 있는 텍스트들이 모두 교체되었다. 자연히 국제주의적 항전의 의미가 강화되었고, 더불어서 항일전쟁이 중국의 국토를 보위하기 위한 애국주의 전쟁이었다는 내용이 새롭게 강조되었다. 그래서 2021년에 출판된 조선어문교과서에 수록된 〈목단강에 몸을 던진 여덟 녀용사〉라는 글에서 동북항일연군으로 등장한 여덟 명의 여자 용사들은 일제에 대항해 싸우다가 전사하는 순간에 "제국주의를 타도하자!"를 외치며, 〈국제가〉를 합창한다. 이 여덟 용사 가운데는 두 명의 조선인(안순복과 리봉선)이 포함돼 있었지만, 교과서에는 여덟 용사의 민족명이 노출돼 있지 않다. 조선족 학생들이 이러한 글을 읽으며 중국에서 조선인이 참여한 항일전쟁이 한반도 고국의 독립을 위한 전쟁이기도 했으며, 이 전쟁이 조선 민족의 역사이기도 하다는 점을 떠올리게 될지는 미지수다.

조선어문 교과서의 현재와 미래

최신판 조선어문 교과서에는 김학철의 전기문 대신 〈초심을 홰불처럼 추켜든 사람-영웅 장부청의 이야기〉가 수록돼 있다. 중국 해방전쟁의 전투 영웅으로 유명한 장부청의 일생을 담고 있는 전기다. 김학철 대신 장부청으로 바뀐 것이 무엇을 의미하는가? 디아스포라로서 조선족이 갖는 고유한 민족 정체성을 상실한 채 조선족이 중국의 국민 정체성에 귀속되고 있음을 보여준다. 조선족 작가로 유명한 금희의 「세상에 없는 나의 집」에서 주인공인 '나'는 조선족으로의 정체성을 단적으로 드러내고 있다. 즉, '나'는 한국인과는 "도무지 같은 시각으로 함께 현실을 해석할 수 없"고, 중국 한족과는 시대와 배경을 공유할 수 있었지만 "개인적인 습관과 취향"은 공유할 수 없는 조선족만의 정체성을 지닌 것이다. 중국 조선족이 민족 정체성을 잃고 동화되지 않기 위해 디아스포라로서 정체성을 잊지 않는 것은 중요한 일이다. 이런 점을 볼 때, 최근 조선어문 교과서에서 김학철 전기가 사라진 것은 우려스럽다. 하지만 위축과 회복을 반복했던 조선족 민족교육의 역사를 떠올린다면 변화에 대한 기대를 품는 것도 가능할 것이다.

한담
2022. 7. 15.

교과서 제도 개혁이
소수민족 지역 민족어 교육에
미치는 영향은?

최근 중국은 사회 전 방면에서 국가 통합을 위한 민족 대단합을 전면 강화하고 있다. 시진핑 정부의 국정 장기 목표인 '중국몽'의 지속적이고 안정적인 실현이 56개의 민족을 영토를 중심으로 하는 하나의 국족, 즉 '중화민족'으로 단결시키는 데 달려있기 때문이다.

이에 따라, 정치, 문화, 사회 전 분야에서 '중화민족 공동체 의식' 공고화를 위한 '사회주의 핵심 가치관' 사상학습이 강화되었고, 교육 정책에서도 이념 학습과 애국심 고양이 강조되고 있다. 그런데 교육 정책 측면에서 또 한 가지 주목되는 것은 소수민족 지역의 민족어로 된 자체 교과서 관리와 국가통용문자인 '푸퉁화' 교재 사용 확대, '삼과통편교재'의 점진적 사용을 골자로 하는 교과서 제도 개혁이다.

다민족 국가인 중국에서는 민족어 교육을 실시해 왔다. 그리고 민족 자치와 함께 중국 소수민족 정책의 주요 성공 요인으로 평가되는 민족어 교육은 민족어 보존은 물론 소수민족의 민족 정체성을 발양하는 데 핵심적인 역할을 해왔다. 그러나 국가 차원에서는 다양한 언어로 출판되는 교과서들을 일률적이고 효과적으로 관리하는 것이 어려울 뿐 아니라, 국가통용문자인 '푸퉁화' 보급에도 걸림돌이 될 수밖에 없었다.

교과서 체계 개혁의 필요성은 시진핑 집권을 알리는 당 18대 이후 중대 사안으로 떠올랐고, 2017년 교육부 교재국(敎材局)과 교재위원회가 발족되면서 본격적인 궤도에 올랐다. 이후 2019년에는 교육부에서 〈초중등 교재관리방법(中小學敎材管理辦法)〉을 내놓았고, 같은 해 국가교재위원회는 소수민족 지역 내 국가통용어 교재 사용의 점진적 추진과 '삼과통편교재' 사용 시기를 규정한 내용이 담긴 〈전국 대중소 교재건설계획(2019-2022)〉(이하, 계획)을 발표하여 주목을 끌었다. 소수민족 지역 내 교과서 사용과 관련한 구체적인 내용은 크게 두 가지다.

첫째, 초중등 소수민족언어 교과서 관리가 강화됐다. 2021년 교육부가 반포한 〈초중등 소수민족문자교재관리방법(中小學少數民族文字敎材管理辦法)〉에 따르면, 민족언어 교재 편찬의 총괄, 지도, 관리, 감독을 교육 행정부가 주관하여 통일적으로 기획하고, 소수민족 어문교재 및 기타 과목의 번역(편역)판 교재 심사 또한 통일적으로 조직한다.

특히 개정판 편찬과 번역(편역)에서는 "중화민족공동체의식을 교과서에 융합하고, 중화민족의 공통역사를 구현한 전형적 인물과 생생한 이야기를 발굴, 각 민족의 선생님과 학생들이 올바른 국가관·역사관·민족관·문화관·종교관을 확고히 확립하도록 교육하며, 위대한 조국, 중화민족, 중화문화, 중국공산당, 중국특색사회주의에 대한 공감대를 끊임없이 증진해야" 하고(3장 9조), "소수민족의 어문교재는 중앙의 교육 공작과 민족공작에 관한 최신 정책 결정과 통편어문교재(統編語文敎材) 개정 주기에 따라 즉각 수정되어야 한다"(12조)라고 적시하고 있다.

둘째 '삼과통편교재(三科統編敎材)' 편찬과 소수민족 지역으로의 확대

적용이다. 이번 교과서 개혁의 핵심은 소수민족 지역에서의 '푸퉁화' 교재 보급과 특히 '삼과통편교재' 사용에 있다. '삼과통편교재'란, 도덕·법치(고교는 사상·정치), 어문, 역사, 이 세 과목의 교과서를 국가가 통일적으로 편찬한 국정 교과서를 일컫는다.

교육부는 2012년부터 통일적으로 조직하고 편찬한 도덕·법치, 어문, 역사 교과서를 2017년부터 사용했고, 일반 고교에서는 2019년부터 사용해왔다. 소수민족 지역에서도 2019년 발표된 〈계획〉에 따라, 국가통용언어 교재의 단계적 사용이 권고되었을 뿐 아니라 '삼과통편교재' 사용 시기 또한 확정됐다.

기존 소수민족 지역에서는 교육부가 2013년 발표한 〈민족중소학한어과정표준(의무교육)〉에 따라 민족어를 '어문', 즉 모어로 배우고 푸퉁화는 '한어', 즉 제2언어로 학습해왔다. 그러나 〈계획〉 실행에 따라, 현재 전국 11개 민족성(자치구)에서 통편교재를 점차적으로 사용하고 있으며, 조선족이 집거한 헤이룽장과 지린성은 2020년 가을 학기부터 채택하고 있다.

소수민족 지역 내 통편교재 사용 시행 이후, 지역 내 반응과 개선책을 제시하는 기사와 연구들이 나오고 있다. 한 예로, 중국교육신문에 실린 〈국가통편교재가 민족지역 교육의 질적 향상에 기여한다: 관련 민족성(자치구)에 기초한 조사연구〉는 민족어로 된 교재와 통편 교재를 비교하며, 민족어 교재의 집필 수준이 낮고 시대정신의 변화와 새로운 교육 이념을 적시에 반영하지 못해 오히려 민족교육의 질적 향상을 저해하고 있다는 결론을 내린다.

그러나 필자가 근거로 든 교재의 작품 선택에서 경전성이 부족하고 그 민족의 민간 고사와 전설이 시대성이 강하지 않다는 점은 그 평가 기준이 모호해 설득력이 떨어진다. 또한 '삼과통편교재'의 경우, 국가 이데올로기적 특징이 강한 사상, 역사, 어문 세 과목에 한정된다는 점에서 지역 간 교육 격차를 줄이는 것 외에 '중화민족 공동체 의식'을 내재한 국민 만들기의 사상을 강화하려는 목적이 깔려있음을 배제할 수 없다.

이처럼 시진핑 집권기 전격 추진된 교과서 제도 개혁은 민족어 교과서 입지를 축소하여 소수민족 정체성의 유지와 보존 측면에 악영향을 미치고 있다. 조선족의 경우에도 어문교과서 교육은 지속되고 있지만 신판·구판 교과서의 제재, 내용 변화가 보여주는 바와 같이 민족 '어(語)' 교육의 명맥을 이어갈 뿐 민족 고유의 정체성 표상은 희미해져 가고 있다.

"가정과 국가는 하나다", 시진핑 시대의 '애국주의'

장이머우의 항미원조
영화 〈저격수〉에 담긴 내셔널리즘

그동안 중국에서 공공연한 금기처럼 여겨졌던 항미원조 전쟁 기억은 최근 격화되는 중미 갈등 속에서 다시금 '항미(抗美)·국가수호(保國)'의 '위대한 승리'로 소환되었다. 조국을 위해 기꺼이 희생한 지원군 정신은 '대미항전' 불사라는 대의 앞에 '애국애당'의 시대정신으로 부상했다.

문화산업 측면에서는 항미원조 전쟁이 주선율 주제로 격상된 가운데, 중국을 대표하는 거장 천카이거(陳凱歌)와 장이머우(張藝謀) 감독이 각각 영화 〈장진호〉 시리즈와 〈저격수〉를 개봉함으로써 전쟁 기억을 통한 '애국애당'의 문화정치에 한껏 힘을 보태고 있다.

두 감독은 항미원조를 모두 '중미전쟁', '승리의 애국전쟁'으로 그려내면서도, 내셔널리즘을 고양하는 방식에 있어서는 굴욕과 설욕의 프레임, '가국감정(家國情緒)'이라는 각기 다른 전략을 취하고 있어 흥미롭다. 오늘은 그중에서도 장이머우의 영화 〈저격수〉와 그 속에 담긴 중국의 특수한 애국 정서인 '가국감정'에 대해 알아보자.

영화 〈저격수〉는 스나이퍼 소재의 첫 항미원조 영화로, 장이머우와 그의 딸 장모(張末)가 공동 연출을 맡아 화제가 됐다. 정찰대원을 구하기 위한 인민지원군 5분대와 미군 정예 저격수 간의 전투를 그린 이 영화의 줄거리는 이렇다.

전쟁이 한창이던 1952년, 미군의 노련한 저격수인 존은 '중국의 사신(死神)'으로 유명한 중국군 5분대장 류원우(劉文武)를 오랜 시간 연구해왔고, 포로로 잡힌 5분대원 량량(亮亮)을 미끼로 그와 실력을 겨뤄보고자 정예팀을 꾸린다. 하얀 눈밭에서 총상을 입은 량량을 가운데 두고 5분대원들과 미군 간에 숨막히는 저격 전투가 벌어지고, 미군은 목숨을 걸고 동료를 구하려는 지원군들을 한 명씩 잔인하게 죽인다. 그러던 중 량량이 승패를 가를 미군 기밀을 전달하는 정찰대원임이 밝혀진다. 하지만 량량은 자신을 구하러 온 북한 아이의 머리카락에 기밀을 숨기고 마지막 남은 대원인 다용(大永)에게 알린 후 희생된다. 다용은 스승 류원우에게 배운 저격술로 존을 처단하고, 중대장에게 군사 기밀을 무사히 전달함으로써 5분대원의 임무를 완수한다.

이 영화에서 가장 주목되는 점은 〈장진호〉 시리즈와 정반대의 전략을 썼다는 점이다. 초호화 캐스팅에 역대 최대 제작비, 굵직한 항미원조 전투를 소재로 전쟁 스펙터클을 강조한 〈장진호〉와 달리, 〈저격수〉는 고작 8명으로 구성된 5분대의 단 한 번의 전투를 그리고 있기 때문이다. 또한 〈저격수〉는 작은 스케일에 별다른 특수효과도 사용되지 않았으며, 전부 무명의 신인 배우를 기용하는 파격을 선보였다.

장이머우는 한 인터뷰에서 〈장진호〉와 촬영 시기가 겹쳐 좋은 연기자를 찾기 어려웠고, 거대한 스케일을 자랑하는 영화는 이미 있어 '소규모로 이 위대한 전쟁의 전모를 보여주는' 색다른 방식으로 기획하게 됐다고 밝혔다.

관객 호응과 평단 반응을 볼 때, 그의 전략은 확실히 적중한 듯하다. 〈장진호〉 시리즈는 크고 화려하며 굵직한 전투를 다뤘지만, 긴 러닝타임에 많은 것들을 담아야 하는 부담 때문에 주인공 외에 평범한 다수 지원군들의 이야기는 묻혀버렸고 자연히 관객의 정서를 동원하는 데는 힘에 부친다. 반면 〈저격수〉는 역사에 남지 못했지만 숱한 무명의 전투에서 싸웠을 평범한 지원군들을 재현하여 관객의 내적 감화를 불러일으켰고, 〈장진호의 수문교〉에 뒤지지 않는 관객 호응을 얻었다.

또 한 가지 놓치지 말아야 할 장이머우의 전략은 5분대원 모두를 같은 고향 출신으로 설정했다는 점이다. 량량과 다융은 초등학교부터 고등학교까지 함께 다닌 친구 사이로 함께 참전했고 분대원들 모두 가족처럼 사이가 좋다. 또한 영화에서 내내 그 지역의 사투리를 사용했는데, 자막이 없으면 그들이 무슨 대화를 나누고 있는지 알 수 없을 정도이다. 왜 군이 이런 전략을 썼을까?

중국판 탈무드라고 할 수 있는 명대 아동 계몽서 『증광현문(增廣賢文)』에는 "호랑이를 잡으려면 친형제를 떠나지 않고, 싸움터에 나가려면 부자 병사를 가르쳐야 한다(打虎不離親兄弟, 上陣須教父子兵)"라는 구절이 나온다. 친형제, 부자 모두 혈육관계이다.

즉, 목숨을 걸어야 하는 순간에 가장 믿을 수 있는 사람은 이 세상에서 가장 끈끈하고 굳건한 관계인 혈육뿐이고, 그렇게 한마음 한뜻으로 뭉치면 어떤 일도 이겨낼 수 있다는 의미가 내포되어 있다.

이런 내막을 알고 나면, 영화의 주제가가 '집으로(回家)'라는 것도, 그 음악을 배경으로 분대장이 "고향에서 너희를 데리고 왔는데 이제는 데리고 갈 수가 없다"라고 말하는 슬픈 대사도 그냥 지나칠 수 없게 된다.

같은 고향에서 오직 내 이웃, 내 땅, 내 나라를 지키기 위해 참전한 이들의 마음을 단순히 애국심으로만 설명하기에는 부족하다. 그러므로 가정과 국가가 하나로 연결되어 있다는 중국의 특수한 애국 정서인 '가국감정'으로 이해해야 한다.

'가국감정'이란 가정과 국가 공동체에 대한 개인의 공감과 사랑이자 애국주의 정신을 만들어내는 윤리적 기반으로, 가와 국의 동일화, 공동체 의식, 인애의 정을 포함한다. 즉, 국가와 가정, 사회와 개인이 떼려야 뗄 수 없는 하나의 총체라는 것인데, 이러한 '가국감정'에 기반한 국가와 국민의 관계는 사회계약에 의한 것이 아니라, 혈육으로 맺어진 가족처럼 윤리적이고 도덕적인 관계에 가깝다고 볼 수 있다.

시진핑 시대에 들어 '가국감정'은 국가와 사회, 개인의 가치 요구를 하나로 융합하는 '사회주의 핵심 가치관'과 상호 호응하면서 애국주의와 결합된 현대적 의미로 재해석되었다. 이는 '중화민족의 위대한 부흥을 추동하는 정신적 역량'으로 부상하면서 현 중국의 정치, 사회, 문화 각 방면에서 체현되고 있다.

그런데 여기서 주의할 점은 가정과 국가가 하나로 연결되어 있을지라도 둘 사이에 피할 수 없는 이해 충돌이 발생할 경우, 선택해야 하는 것은 국가라는 점이다. 즉, '가정은 착안점일 뿐, 근본이자 최종 목적은 국가다'.

이러한 '가국'의 위계는 운명공동체로서 가정과 국가의 상호 관계를 강조하면서도, 자연스럽게 국가를 위한 개인의 희생과 봉사 정신으로 귀결된다. 이는 곧 '큰 집을 위해서 작은 집을 버리는 것', 즉 '중화민족 대가정'의 위대한 부흥을 위한 각 개인과 가정의 희생과 봉사로 바꿔 말할 수 있다.

따라서 중국 정부가 강조하는 '가국감정'은 국가를 구성하는 하나의 세포로서의 국민관이자 국가 존망의 위기 앞에 요구되는 자기희생적인 애국 정서이다. 중국은 '가국감정'이 고대 중화민족의 유구한 전통문화에서 면면히 이어져 온 심층적인 문화 심리적 가치라고 설파하고 있는 것이다.

주류 이데올로기와 가치관을 체현하는 중국의 주선율 영화에서는 이러한 '가국감정'을 불러일으켜 가와 국이 연결된 하나의 공동체인 '중화민족'을 구현하는 것이 줄곧 주요한 과제였다.

주선율로 부상한 항미원조 주제의 영화 〈저격수〉 또한, 인민지원군의 가족 같은 관계를 빌어 '가국감정'을 토로하고, 국가를 위한 그들의 죽음을 온 국민이 응당 갖춰야 할 시대정신인 항미원조 정신으로 구현한다. 그리고 관객들은 내적 감화를 통해 그것을 수용하고 자발적으로 '중화민족'의 구성원으로 거듭난다.

그러나 영화 〈장진호〉 시리즈 속 100년의 '굴욕'과 항미원조 승리의 '설욕' 프레임이 주변국을 적대시하는 대항적 민족주의를 고취하는 것처럼, 〈저격수〉의 '가국정서' 또한 국가를 위한 개인의 무조건적인 희생을 강조한다는 점에서 문제적이다.

최근 소환된 항미원조 기억은 확실히 커져가는 중미 갈등의 위기 앞에 대중을 규합하고 불안을 상상적으로 해소하는 데 기여하고 있다. 그러나 이런 식의 저항적 혹은 자기희생적인 내셔널리즘은 한국전쟁과 관련된 미국, 한국 대중 간에 연대와 화합이 아닌 적대감을 품게 하고, 참혹했던 이 전쟁을 깊이 성찰하는 것을 가로막는다. 또한 외부의 적에 쏠린 시선은 중국의 정치, 사회 개혁을 더욱 어렵게 만든다.

일본의 역사학자 오노데라 시로는 중국 정부가 내셔널리즘을 통치 정당성 확보에 이용하면서도, 그것이 자신의 통제를 넘어 분출하는 것에 대해 갖는 경계심을 현 공산당 정권의 딜레마로 보았다. 따라서 장기적으로 볼 때, 항미원조를 이용한 '애국애당'의 문화정치는 자칫 중국의 자충수가 될 수 있다.

이제는 달라진 국가의 위상에 맞게, 상대방을 증오하고 승리만을 강조하는 대신, 참전한 모든 국가 병사들의 희생과 아픔을 보듬을 수 있는 보편적 인류애와 평화의 서사로 나아가야만 한다. 중국에도 '반전(反戰)' 서사가 도래하기를 고대해본다.

20차 당대회 이후 중국의
문화정책 향방은?

2022년 10월 16일부터 22일, 중국 베이징에서는 제20차 공산당 전국 대표대회(당대회)가 열렸다. 5년에 한 번 열리는 중국 당대회에서는 당의 주요 문제를 처리하고 당의 차기 지도부를 선출한다. 따라서 이 대회는 향후 중국이 어떻게 국정을 운영해 나갈 것인지의 윤곽을 그릴 수 있는 중요한 국가 행사라 할 수 있다.

3연임을 앞둔 시진핑 주석은 장장 2시간에 걸쳐 경제, 사회, 문화 등 15개 영역에 대한 긴 보고문을 낭독했다. 보고문의 주요 키워드를 살펴보면, '중국식 특색 사회주의', '신시대', '사회주의 현대화 국가', '중화민족의 위대한 부흥' 등으로 18대, 19대 시진핑 주석이 내걸어온 국정 슬로건과 크게 차별화되는 내용은 없었다.

문화영역에서는 〈문화자신자강(自信自强)을 추진하고, 빛나는 사회주의 문화를 조성하자〉라는 주제로 다섯 가지 구체적인 항목을 제시하였다. 먼저, 표제어로 등장한 '문화자신(감)'에 대한 이해가 선행되어야 할 것 같다.

'문화자신(감)'이란 시진핑 주석이 꿈꾸는 '문화강국' 실현에 꼭 필요한 것으로, 현재 중국이 표방하고 있는 '중국 특색사회주의 문화'에 대한 자신감을 말한다. 이는 5천 년 중화문명의 역사, 공산당이 인민을 영도하여 이룬 혁명의 역사, 그리고 중화인민공화국 수립 이후 70여 년의 역사까지 이 세 갈래의 역사적 차원에서 기원하며 그중에서도 특히 중국의 전통문화에 뿌리를 두고 있음이 강조된다.

시진핑 주석은 '신시대 중국 특색사회주의' 사상을 실현하는 데 있어, 후진타오 전 주석이 내세운 '3개의 자신감(중국이 걸어온 길, 이론, 제도)'에 '문화자신(감)'을 추가하여 '4개의 자신감'으로 확립했다.

그렇다면, 20차 당대회 이후 중국의 구체적인 문화전략은 어떻게 전개될 것인가? 보고문에 제시된 다섯 가지 항목을 중심으로 구체적인 예시와 함께 하나씩 살펴보도록 하자.

첫째, 강한 응집력과 지도력을 갖춘 사회주의 이데올로기 구축이다. 보고문에는 "이데올로기 사업은 국가에 대한 마음과 민족의 혼을 세우는 것"이며 "당이 리더십을 갖고 추진해야" 한다는 말과 함께, "주류 사상의 여론을 공고히"하고 "인터넷 통치 체계를 마련"한다고 적시하고 있다. 그런데 주류 사상 여론을 공고히 하고 인터넷을 통제하는 방식으로 '문화자강'에 도달할 수 있을까?

둘째, 사회주의 핵심 가치관의 실천이다. 사회주의 핵심 가치관은 시진핑 집권기(18대)에 채택된 것으로 국가, 사회, 개인이라는 세 가지 차원의 총 12개 가치관으로 이루어져 있다. 국가 가치관에는 부강·민주·문명·조화, 사회 가치관에는 자유·평등·공정·법치, 그리고 개인 가치관에는 애국·경업(직업정신)·성심·우호가 있다.

시진핑 집권기 이후 전격적으로 이뤄진 교과서 제도 개혁을 통해 이러한 사회주의 핵심 가치관이 교육 측면에서 어떻게 학습되고 전파되는

지 확인할 수 있다. 이 시기 교과서 제도 개혁의 핵심은 '삼과통편교과서(三科統編教材)' 제작과 이 교과서가 전국적으로 사용되는 데 있다. 즉, 이데올로기 특징이 강한 사상정치, 국어, 역사 세 과목의 국정교과서를 소수민족 지역을 포함한 중국 전 지역에서 사용하도록 한 것이다.

학교가 국가 권력을 유지하고 재생산하는 핵심 기제라면, 학교 교육의 교재인 교과서는 한 사회의 지배적 가치나 이념을 가장 명시적이고 공식적으로 전달해 주는 미디어이다. 학생들은 국정교과서를 통해 애국주의, 집단주의, 사회주의 사상을 일률적으로 학습하게 될 터인데 최근 일부 중국 젊은이들이 보여주는 극단적 애국주의 경향은 이러한 교육의 영향을 받은 것임을 배제할 수 없다.

셋째, 사회 전반의 문명화 수준 제고이다. '문명화'에는 공민 생활의 질이나 문화생활 수준을 높이는 것도 있겠지만, 여기서는 공민의 전체적인 도덕 수준을 높인다는 의미로 규정된다. 〈전국도덕모범 표창대회〉는 이러한 '문명화' 수준 제고의 대표적인 예시다. 이 대회는 2007년 '사회주의 핵심 가치관'을 발양하고 사회주의 사상 도덕 건설의 성과와 중국 인민의 정신 풍모를 보여줌으로써, 전국 인민을 단결하고 역량을 결집하기 위해 제정되었다.

그러나 시진핑 집권기 들어 그 규모와 영향력이 전에 없이 커졌다. 후보 선정에서 표창에 이르기까지 전 과정이 전국으로 방송되고, 표창 이후에는 미디어 매체를 통해 대대적인 대중 학습이 일어난다. 이뿐만 아니라, 드라마나 영화로 제작되어 대중적으로 확산되기도 한다. 결국 이 대회는 '신시대 중국 특색 사회주의'를 실현할 이상적인 국민 모델을 선발하고 이러한 모델을 대중에게 학습시키는 기능을 수행한다.

넷째, 문화사업과 문화산업의 발전과 번영이다. 문화사업과 문화산업의 발전과 번영은 "인민 중심의 창작 방향을 고수"하고 "사회 효과와 이익이 첫째"라고 적시하고 있다. 그렇다면 인민이 중심이 되는, 사회 효과를 중시하는 문화사업은 어떻게 진행되고 있는가?

관련 기구 개편, 드라마 발전계획과 콘텐츠 주제를 예로 들어보자. 먼저 문화산업기구 개편이다. 시진핑 집권기 들어 중국 정부는 문화산업기구를 국가 행정기관인 국무부에서 중앙선전부 산하로 옮기고, 총괄 기구였던 국가신문출판광전총국을 콘텐츠별로 하나하나 분리했다. 이는 문화콘텐츠에 대한 관리를 세분화하고 정치적 영향력 높이겠다는 신호로 해석된다.

다음으로, 2022년에 나온 드라마 발전계획에는 고표준 드라마 시장 체계를 건설하고 문화산업시장을 정화(淨化)하겠다는 내용이 담겼다. 그러나 '건전성' 제고 방법과 기준을 당·국가가 정하기 때문에 대외적으로는 이것이 문예계 정풍으로 비칠 위험이 있다.

마지막으로, 신시기 문화산업의 창작 콘텐츠는 어떤 주제들이 요구될까? 중국에서는 흔히 '종횡(縱橫) 좌표법'이라 불린다. '종'은 중국 특색 사회주의 사상과 당과 국가의 대사(大事)를 제재로 한다. 빈곤 퇴치, 가족 갈등 등의 각종 사회 문제와 코로나 방역 성공, 공동부유 실현 등 당의 성과와 정책을 선전하는 제재를 말한다. '횡'은 국공내전, 항일전쟁, 한국전쟁 등 중국의 중대한 혁명이나 역사적 제재를 말한다. 기구 개편에서 콘텐츠 주제에 이르기까지, 문화산업 발전 방향이 사회에 긍정적인 영향을 미치는 데 맞춰져 있음을 확인할 수 있다.

다섯째, 중화문명의 전파력과 영향력 강화이다. 보고문에는 "중국담

론과 중국서사 체계를 만들자", "중화 문화를 세계로 뻗어나가게 하자"라는 내용이 적시되어 있다. 즉, 중화문명의 우수함을 국외로 확산하자는 것이다. 이를 위해, 시진핑 집권 이후 문명의 대외적 발산을 위한 '대외담론 체계건설'이 중시되어왔다. 또한, 중국 전통문화를 바탕으로 "중국 이야기를 하고 중국의 목소리를 전파하여 중국 이미지를 만들자"라고 강조한다. 여기에는 우수한 자국 전통을 바탕으로 한, 서구 문명과는 다른 새로운 대안적 문명 담론을 구축할 수 있다는 중국의 문화 자신감이 묻어난다.

지금까지 20차 당대회 문화영역 보고문을 바탕으로 중국의 문화정책의 향방을 가늠해보았다. 미국과 어깨를 겨루는 세계 강국으로 성장한 중국은 '2개의 100년 목표'에서 2021년 '전면적 소강사회' 달성하고 2049년 '사회주의 현대화 국가' 건설을 앞두고 있다. 그러나 양적 성장의 한계, 각종 사회 문제, 대중국 견제 심화 등 국내외적인 어려움과 위기도 산적해 있다. 이런 상황에서 중국몽의 실현 여부는 결국 국민의 통합에 달려있으므로 시진핑 집권기에 부단히 강화되는 문화의 사상 통합적 기능은 필연적이라 볼 수 있다.

하지만 문화가 국가발전 목표에 귀속되어 이데올로기 속성만 강조하는 방식으로 중국이 꿈꾸는 '문화강국'을 이룰 수 있을까? '문화대국'에서 '문화강국'으로 향하는 길목에 선 중국 정부가 향후 이 문제를 어떻게 풀어갈 것인지 귀추가 주목된다.

원광대학교 한중관계 브리핑 11

시진핑 시대, 위기 속 한중관계

초 판 인 쇄 2023년 2월 28일
초 판 발 행 2023년 3월 15일

엮 은 이 원광대학교 한중관계연구원·동북아시아인문사회연구소
감   수 김정현, 윤성혜, 김현주
교   정 손유나
주   소 전라북도 익산시 익산대로 460 원광대학교 생활과학관 3층, 5층
전   화 063)850-7120
홈 페 이 지 http://kcri.wku.ac.kr/
이 메 일 y-kcri@wku.ac.kr
등 록 일 자 2010년 12월 23일; 403-82-00258

편집·제작·공급 경인문화사(031-955-9300)

정   가 19,000원
ISBN 978-89-499-6684-7 93300